Ana María Matute
Fiesta al Noroeste

Ana María Matute

Fiesta
al Noroeste

Premio Café Gijón 1952

Ediciones Destino
Colección
Destinolibro
Volumen 106

© Ana María Matute
© Ediciones Destino, S.A.
Consell de Cent, 425. 08009 Barcelona
Primera edición: Pareja y Borrás, editores: 1959
Primera edición en Destinolibro: agosto 1980
Segunda edición en Destinolibro: noviembre 1982
Tercera edición en Destinolibro: marzo 1987
Cuarta edición en Destinolibro: marzo 1989
Quinta edición en Destinolibro: enero 1991
ISBN: 84-233-1072-8
Depósito legal: B. 914-1991
Impreso y encuadernado por
Printer Industria Gráfica, S.A.
C.N. II. 08620 Sant Vicenç dels Horts (Barcelona)
Impreso en España - Printed in Spain

A mi marido

E L látigo de Dingo hablaba seco, como un re-
lámpago negro. Estaba lloviendo desde el
amanecer, y eran ya cerca de las seis de la tarde,
tres días antes del Miércoles de Ceniza. El agua
empapaba las crines del viejo caballo y el carro del
titiritero rumoreaba sus once mil ruidos quema-
dos: sonrisas de caretas y pelucas, bostezos de pe-
rros sabios y largos, muy largos lamentos sin voz.

Todo esto lo presentía Dingo desde el pescante
como un cosquilleo en la nuca. Porque allí, dentro
del carro pintado a siete colores, yacían el viejo
baúl de los disfraces, el hermano mudo que toca-
ba el tambor, y los tres perros amaestrados, todos
dormidos bajo el repique del agua.

Acababan de asomarse a la comarca de Artá-
mila, en un pleno carnaval sobre la tierra indefensa.
Artámila era poco agradecida al trabajo, con su
suelo y su cielo hostiles a los hombres. Constaba de
tres aldeas, distantes y hoscas una a la otra: la Ar-
támila Alta, la Baja y la Central. En esta última
—llamada también la Grande— estaban emplaza-

dos el Ayuntamiento y la Parroquia. De la Artá-
mila Baja, la más mísera, de aquella que ahora apa-
recía a sus ojos en lo profundo del valle, había
huido Dingo cuando aún era chaval, tras una «trou-
pe» de saltimbanquis. Dingo se llamaba Domingo,
había nacido en domingo y pretendía hacer de su
vida una continuada fiesta. Ahora, al cabo de los
años, o de las horas —¿quién podría distinguirlo?—,
su propio carro de comediante se detuvo precisa-
mente al borde de la empinada loma, sobre aquel
ancho camino que, como un sino irreparable, des-
cendía hasta la primera de las tres aldeas. Un cami-
no precipitado y violento, hecho sólo para tragar.

Con la mirada herida, como si sus pupilas de-
searan retroceder hasta lo más rojo de su nuca,
Dingo vio de nuevo el valle, después de tanto tiem-
po. Qué hondo apareció, enmarcado por rocas de
color pardo. Qué hondo, con sus casuchas medio
borradas por los sucios dedos del hambre. Allí es-
taban de nuevo los bosques de robles, en las lade-
ras, los chopos orgullosos, afilándose, verdes. En
grupos, y, no obstante, cada uno de ellos respiran-
do su soberbia soledad, como los mismos hombres.
Aquellos hombres de Artámila, de piel morena y
manos grandes. En el pescante de su carro parado,
Dingo se quedó quieto, con el brazo levantado en
un gesto de azote. Dingo tenía las pupilas separa-
das, como si anduviera por el mundo con los ojos
en las sienes para no ver la vida de frente. En los

bordes de su capucha impermeable, en los ejes
de las ruedas, las gotas de lluvia tintineaban chis-
pazos helados. Dingo escupió y fustigó al caballo.

Oyó entonces gemir al carro entero, una a una
en todas sus maderas. Se había precipitado vertien-
te abajo, con un gran deseo de atravesar Artámila:
de atravesarla toda entera como una espada de des-
precio y viejos agravios a su pesar no olvidados.
Huir de allí, trepar de nuevo hasta la cumbre de
enfrente, al otro lado del valle, y dejar atrás para
siempre la roja charca de la aldea debajo de sus
lluvias, de sus cielos implacables. Las ruedas gri-
taban, rojas ya de barro, cada una chillando, en
sus remiendos, de un modo diferente, con una que-
ja diferente, desconsideradamente uncidas como
cualquier pareja humana. En aquel momento,
Dingo creyó llevar aquellas ruedas clavadas en los
costados de su propio cuerpo.

Los perros empezaron a ladrar, cayendo amon-
tonados allí dentro del carro, y por un momento
Dingo se complació en imaginar la sonrisa de las
caretas perdiendo su rigidez bajo las pelucas.

Un relámpago volvió blanca la tierra. Era pre-
ciso pasar de prisa por Artámila, donde la gente no
está para dramas en verso. Al otro lado, una vez
alcanzada la montaña azul y lejos, Dingo podría
nuevamente arrastrar su fiesta. Sus pantomimas con
diez personajes representados por un solo farsan-
te. Él, un hombre solo, con diez caretas diferentes,

diez voces y diez razones diferentes. El tambor
del hermano mudo sonaría otra vez, como un rezo
en una cueva. El mudo y los tres perros, con los
costillares temblando bajo el látigo, aguardarían el
golpe y el pan al otro lado de la risa de Dingo,
el titiritero. Dingo sabía muy bien que se le irían
muriendo sus míseros compañeros, tal vez uno a
uno, junto a las cunetas o contra los postes de la
luz, por el camino. Ese día, él y sus diez fantasmas
irían solos por el mundo, ganándose el pan y el
inapreciable vino. Qué día ese en que solo, con su
baúl repleto de cintas doradas que robó en las sa-
cristías pueblerinas, iría camino adelante con sus
diez voces y sus diez razones para vivir. Supone
que le dejarán paso siempre, siempre. Con dere-
cho, por fin, a diez muertes, al doblar las esquinas.

En tanto, el carro fustigado, una enorme risa
de siete colores barro abajo, arrastraba sus paro-
dias, y, tal vez, todos aquellos sucesos que antes
hicieron daño.

Es posible que Dingo viera al niño, tal como
apareció de pronto, en un recodo. Era una flaca fi-
gurilla inesperada, nueva, lenta, muy al contrario
de él. Lo cierto es que no pudo evitar atropellarle.
Le echó encima, sin querer, toda su vida vieja y
mal pintada.

Las nubes eran muy oscuras sobre sus cabezas.
Frenó como pudo, doblándose entre el gemir del
carro. Unas salpicaduras de limo le mancharon la

barba, como buscando la boca que juraba; y Dingo presintió un tierno y fresco crujir de huesos en las ruedas.

Luego, les cayó el silencio. Era como si una mano ancha y abierta descendiera del cielo para aplastarle definitivamente contra el suelo del que deseaba huir. Lo sabía, además. Había gritos en lo hondo que le habían advertido: «Tú no pasarás de largo por Artámila». Acababa de arrollar a una de esas criaturas que llevan la comida al padre pastor. Unos metros más allá quedó la pequeña cesta, abierta y esparciendo su callada desolación bajo el resbalar del agua.

Todo lo que antes gritara: vientos, ejes, perros, estaba ahora en silencio, agujereándole con cien ojos de hierro afilado. De un salto, Dingo se hundió en el barro hasta los tobillos, blasfemando. Lo vio: era un niño de gris, con una sola alpargata. Y estaba ya muy quieto, como sorprendido de amapolas.

Dingo no pudo evitar gritarle, con el látigo en alto. Pero en seguida se murieron en su garganta todas las maldiciones. Se agachó, callado, taladrado absolutamente por ojos, por silencio, por la lejana soberbia de los chopos que estaban contemplándole desde la ladera. Dingo trató de hablarle a aquella carita flaca y fija. La lluvia seguía resbalando, indiferente. Le pasaba al niño sus hilos brillantes por la frente, las pestañas, los labios cerrados. En aquel instante, Dingo creyó ver reflejadas

las nubes dentro de los ojos del niño; los cruzaron
y lentas, se alejaron hacia otros países.

Quedaba aún media hora de camino para llegar
a la aldea. Por las ventanas del carro asomaron los
perros y el mudo. Las narices húmedas les tembla-
ban y le miraban muy fijo las pupilas de vidrio
amarillo. Dingo pasó las dos manos por la espalda
del niño. Entre el fango, cruzó sus anchos dedos
y levantó el pequeño cuerpo con la sensación de
que iba a partírsele en dos. Notó en la piel una
tibieza pegajosa. Los perros empezaron a aullar.
Dingo les miró, encogido:

—Se ha roto —empezó a decir.

Pero el mudo, con un hilo de saliva pendiente
de los labios, no le entendía. Y los ojos del niño
estaban ya definitivamente negros.

Contra su voluntad, Dingo miró hacia abajo,
a un extremo del poblado: había allí lejos, en el
arranque mismo de la montaña, un cuadro de tierra
rojiza, limitado por un muro lleno de grietas. Era el
Campo del Noroeste, con sus cruces caídas, donde
los hombres de Artámila escondían a los muertos.
Alguien plantó, en un tiempo, junto a la tapia, doce
chopos en hilera que se habían convertido en una
sonrisa negra y hueca, como las púas de un peine.

Dingo vaciló. Aún podía dejar de nuevo a la
criatura en el suelo y atravesar el poblado al galope.
Sin parar, hasta alcanzar de nuevo una tierra sin
lastre para él, sin podridos sueños, sin sangre pro-

pia. Alcanzarla, tal vez, antes de que volviese a nacer el sol. El mudo y los perros habían saltado del carro y le rodeaban llenos de expectación.

Entonces, el mudo tuvo un acceso de miedo. Era un pobre estúpido, con el alma infectada de pantomimas. Emitió un ruido ronco y se puso a gesticular, con los ojos en blanco: «Muerto el chico» —decía—. «Muerto»... «Te colgarán de un palo». Y sacaba la lengua. A Dingo le pesaba en los brazos el cuerpo del niño. «Te colgarán y te...» El idiota dio un brusco respingo, con los brazos abiertos, y cayó al suelo. Llevaba su tambor al cuello y al caer sonó largamente: como si en el vientre guardara escondida toda la voz que a su dueño le faltaba.

Sin duda fue aquello lo que asustó al viejo caballo. Pero ya Dingo estaba dispuesto a creer en el genio maléfico de Artámila, el genio que amargó su infancia y que, desde aquella mañana en que pisara de nuevo su tierra, estaba haciéndole muecas de maligna bienvenida.

Tuvo frío. Apretó aquel cuerpo ensangrentado contra su cuerpo. Tal vez era el genio malvado el que empujó el carro vertiente abajo, con su caballo enloquecido. Ni siquiera Dingo tuvo tiempo de gritar algo. Vio su carro precipitado de nuevo, sin freno ni gobierno esta vez, con el toldo desvencijado temblando peligrosamente y las rojas cortinillas agitándose en un desesperado adiós. La vertiente, empinada, iba a desembocar en la plaza central de

la Baja Artámila. El carro no paró. No pararía
hasta el corazón mismo de la aldea, rodeada de
casas pardas y altos cerros. Dingo lo vio desapare-
cer hacia lo hondo, descoyuntado, devorado por la
garganta del valle; y se quedó quieto entre los
perros, con la barba empapada de tormenta y las
botas hundidas en el lodo.

Aún estuvo así un rato, casi resistiéndose. Pero
se abandonó. Artámila estaba esperando abajo, tan
honda y tan negra como la llevaba él en el alma.

El cielo había oscurecido aún más, cuando em-
prendió el descenso con el muchacho en brazos.
Los tres perros le seguían y, un poco retrasado, el
mudo, con su tambor al cuello, tropezaba en las
piedras con la hinchada seriedad de un pájaro de
mal agüero. Iban en hilera, como los chopos. De-
bajo de la lluvia. Sin luz.

Redonda, roja como la sangre, bien apisonada
su tierra dura y hosca, estaba allí la plaza de la
aldea, que tan bien conocía Dingo.

El titiritero se detuvo a su borde, con el mismo
gesto casi temeroso con que se apiñaban en torno
a ella todas las casas del poblado. Había algo trá-
gico allí, como en todo corazón. Estaba en el centro
mismo de Artámila, en lo más hondo del valle.
¡Cómo solía hablarle el viento a Dingo, allá arriba
en las cumbres! Casi de igual a igual. Pero ahora

estaba otra vez hundido en su verdad, sin careta. Allí otra vez como si no hubiera años. Tragado por aquella tierra, desnudo, absolutamente solo. Se le había muerto la fiesta de un golpe.

Miró a lo alto y en torno, casi contrito de su deseo de libertad. Otra vez habían crecido las montañas con su descomunal desprecio. Allí, un hombre con diez mentiras, qué poco podía ya. Se le caían al suelo sus diez razones, y se quedaba como un árbol negro y azotado de frío. Por aquellos mismos bosques que él conocía, andaban enterrando cada tarde a su niñez. Y se recordó entonces, pequeño, bordeando los árboles, tal vez cojeando porque se había clavado una espina en un pie. Qué inútil resulta todo al fin. Los huidos, los que se quedan, los que se pintan la cara: ¡Ah, si en aquel tiempo, cuando aún era niño y descalzo, le hubiera arrollado también un carro de colores...! Si le hubiera abrazado la tierra. Abrazado, toda roja, los costados, la frente, la boca que tenía sed. El niño que llevaba ahora en brazos, tal vez era él mismo. ¿Cómo podría eludir su propio entierro...? Nadie. Nadie puede. «Los niños que no mueren, ¿dónde andarán?» Allí, pues, estaba su paisaje. Inalterable y duro, rodeando todos sus disfraces, burlándose de sus siete colores.

En el centro de la plaza quedaba el carro, caído sobre uno de sus costados, roto, con una rueda desprendida. En el suelo también, el caballo, doblado de patas, cojo quizá, con su belfo espumeante brillando de lluvia. Los ojos del animal le miraban como lunas, y quizá lloraba aunque no se le oyera. El pequeño muerto le pesaba a Dingo cada vez más.

Por las ventanas del carro escapaba una algarabía parecida a la de los grajos en su primer vuelo. Entonces, Dingo se dio cuenta de que los niños de la aldea habían asaltado los restos de su vivienda ambulante. Todos los niños de la aldea. «Esos niños de la Artámila que surgen descalzos y callados, doblando una esquina afilada, sin cinturón». Aun cerrando los ojos, Dingo les veía corriendo, apareciendo por el canto de las barracas de los jornaleros. Los niños de la Artámila, debajo de la luna, con sus grandes sombras y sus breves nombres. Tal como él mismo doblara en tiempos la esquina de su casa: sintiendo el fuego de la tierra y evocando lejos, enredado en las copas de los chopos, el eco falso de alguna campana oída un año atrás, cuando le llevaron a comulgar a la Parroquia. La iglesia estaba en la Artámila Central, a ocho kilómetros de su aldea, y los niños de la Baja Artámila crecían sin campanas. Dingo miró fijamente la cara de su niño partido. Igual. Todo igual. Treinta años habían transcurrido tal vez, y eran los mismos niños, con las mismas pisadas y la misma sed. Las mismas casas míseras, el mismo arado bajo el cielo, la misma muerte al Noroeste. Treinta años, ¿para qué...? «Los niños de Artámila, los niños sin juguetes que ríen detrás de las manos y bajan al río a ahogar las crías excesivas de los gatos.» Cuando era muy pequeño, Dingo se fabricó una careta de barro, pegándosela al rostro, hasta que el sol la secó y se le cayó a trozos, con la noche.

Ahora, a los niños de Artámila, les había caído vertiente abajo una tromba de colores, y se había estrellado allí en el mismo corazón de sus vidas. Se habían acercado, poco a poco, uno a uno. Habían contemplado, en el silencio sin principio de la aldea, desprenderse aquella rueda grande y encarnada. La vieron rodar, rodar, en dirección al río, hacia los fantasmas de perros y gatos ahogados. Pero, a medio camino, la rueda se venció, cayendo sobre su eje, y quedó girando, girando aún, cada vez más despacio.

—No tengo más remedio —se dijo Dingo—. No tengo más remedio que buscar a Juan Medinao...

También como treinta años atrás.

II

Se llamaba Juan Medinao, como se llamaron su padre y el padre de su padre. La usura ejercida en tiempos por el abuelo, le había convertido en el dueño casi absoluto de la Baja Artámila. Desde que tuvo uso de razón, se notó dueño y amo de algo que no había ganado. La casa y las tierras le venían grandes, pero especialmente la casa. La llamaba la Casa de los Juanes, y era fea, con tres grandes cuerpos de tierra casi granate y un patio central cubierto de losas. Al anochecer, las ventanas eran rojas; al alba, azul marino. Estaba emplazada lejos, como dando una zancada hacia atrás de la aldea, frente por frente al Campo del Noroeste. Desde la ventana de su habitación, Juan Medinao podía contemplar todos los entierros.

Aquel Domingo de Carnaval, cerca ya la noche, Juan Medinao rezaba. Desde niño sabía que eran días de expiación y santo desagravio. Tal vez su plegaria era un recuento, suma y balance de las cotidianas humillaciones a que exponía su corazón.

Estaba casi a oscuras, con el fuego muriéndosele en el hogar y las dos manos enredadas como raíces.

Había entrado la noche en su casa, y la lluvia no cesaba contra el balcón. Cuando llovía así, Juan Medinao sentía el azote del agua en todas las ventanas, casi de un modo material, como un redoble desesperado.

Oyó como le llamaban. La voz humana que taladró el tabique le derrumbó desde sus alturas. Volvían a llamarle. Todos en la casa, hasta el último mozo, sabían que Juan Medinao rezaba a aquellas horas y que no debía interrumpírsele. Insistieron. Entonces, el corazón se le hinchó de ira. Gritó y arrojó un zapato contra la puerta.

—Abra la puerta, Juan Medinao —le dijeron—, es el alguacil el que le llama. Viene con un guardia del destacamento...

Vio el zapato en el suelo, con la boca abierta y deformada. Se sintió terriblemente ajeno a las paredes, al suelo y al techo. Era como si toda la habitación le escupiera hacia Dios. Se levantó y descorrió el cerrojo. Estaba allí una criada, con las manos escondidas debajo del delantal.

—Ya voy —dijo. Inmediatamente se arrepintió de su voz. Trató de corregirla dando una explicación dulce—: Me has interrumpido, estaba rodeado de ángeles...

La chica torció el cuello, y tapándose la boca 1jó corriendo delante de él. A las muchachas demasiado jóvenes, Juan Medinao les daba miedo o risa.

Bajó la escalera despacio. También la sala estaba a oscuras.

—¿Qué pasa? —dijo. Los hombres eran unas manchas negruzcas y sus rostros, más claros, parecían flotar en el aire. El guardia le explicó que habían detenido a un saltimbanqui por haber partido en dos al hijo de Pedro Cruz. Fue un accidente, y su propio carro había quedado destrozado en medio de la plaza. Aquel payaso pedía ayuda a Juan Medinao.

—¿Qué quiere de mí?

El alguacil y el guardia no respondieron.

—Iré —dijo entonces. Se acercó a la ventana. Miró a través del vidrio y vio negro. Aquella ventana daba al patio central de la casa, y Juan imaginó el brillo de las anchas losas debajo de la tormenta. De pronto, recordó que en su casa había luz eléctrica. Tal vez lo olvidaba, porque su infancia transcurrió entre resplandores rojos. Los propios muros estaban echando de menos las grandes siluetas temblorosas, agrandándose y achicándose al compás de las pisadas, cuando los hombres se acercaban y se alejaban. Juan buscó el interruptor y le dio vuelta. Los hombres aparecieron entonces más claros y más pequeños, con los ojos achinados por la crudeza de la luz.

Juan fue a abrigarse. Su camisa tenía un gran

roto, casi encima del corazón. Lo vio al meterse las mangas del abrigo. También aquella prenda estaba sucia, con los bordes deshilachados. Un mechón le caía sobre la frente. Tenía una cabeza muy grande, desproporcionada. Parecía, al mirarle, que hubiera de tambalearse sobre los hombros. En cambio, su cuerpo era casi raquítico, con el pecho hundido y las piernas torcidas.

Bajaron en silencio. En el patio, las gotas de lluvia se clavaban como agujas entre las junturas de las losas. Abrieron la gran puerta de madera, crujiente de humedad, y salieron al pueblo.

El calabozo estaba junto a la plaza, en un viejo pajar con una ventana en lo más alto. Del centro de la plaza emanaba una algarabía infantil, mezclada al olor del barro removido. En el calabozo se guardaba generalmente al cerdo semental de la aldea. Junto a la puerta, el brillo de los tricornios bajo la lluvia resultaba casi exótico. La abrieron y le dejaron entrar.

A la luz del candil, vio al hombre. Era mayor que él, envejecido, y tenía los ojos separados, con una súplica profesional, madura. El corazón de Juan Medinao se quedó quieto, como si hubiera muerto.

—Hola, Juan Medinao —dijo el payaso—. Yo soy Dingo, el que te robó las monedas de plata...

Dingo. Sí, era él; con sus ojos como brazos en cruz. Era Dingo, el traidor de esperanzas y

sueños. Una ráfaga de infancia le ató la lengua,
quemándole toda protesta o toda frase de bienve-
nida. Era Dingo, Dominguín, el hijo del guarda-
bosques, el que tenía un gato rojo con rayas en el
lomo, como si lo hubieran puesto a las parrillas.
Juntos, habían ahorrado y enterrado las monedas
al pie del chopo apartado y solitario, al borde de
aquel camino que llevaba lejos. Iban a escaparse
de la aldea los dos, con sus primaveras verdes,
cuando les parecía que no iban a poder soportar
más su perra niñez apaleada. Claro, tajante, lleva-
ba grabado el paisaje en su retina: aquella mañana
ardorosa, cuando descubrió la traición. El alma
entera le tembló, sintiéndose aterradoramente ni-
ño. En aquella tierra de fuego, demasiado lujo era
una sombra. Y allí estaba la sombra del chopo,
recta en el suelo, marcándole infinita la huida del
amigo hipócrita, ladrón, viajero mentiroso de la
nada. Querían buscar el mar, y se quedó sólo con
su sed implacable, junto a la sombra perdida y
dura. Aquella mañana, con sus manos afanosas
estrujó la tierra removida y no encontró siquiera
una carta, una burlesca carta aunque fuera, que
humedeciera su seca desolación. Dingo se fue,
treinta años hacía ya, con una «troupe» de come-
diantes y perros sabios. Y él se quedó en el centro
de las gentes negras, que andaban como volando
en círculo sobre su herencia: con vuelo errabun-
do, torvo, de ave rapaz. En el centro del odio y

el hambre se quedó Juan Medinao; heredero, amo de la Artámila Baja, con su Dios crucificado y su cabeza demasiado grande que le valía las burlas de los otros chicos. Se quedó allí para siempre, en la tierra exasperada, en el dramatismo de sus árboles, de sus rocas, de sus caminos. Buscando el mordisco de las cumbres el cielo, en el gigante desdén hacia la vida, se quedó Juan Medinao sin el único muchacho que no se burló nunca de su cabezota ni le echó en cara, con puñados de barro, el hambre de sus hermanos. Cuando apenas tenía doce años y todo le era hostil, desde el padre a la tierra, le traicionó también Dingo, el que contaba mentiras y forjaba huidas imposibles. ¡Era tan grato oír hablar de huidas a Dingo! ¡Huir de la tierra, de los hombres, del cielo y de uno mismo! Dingo, el gandul, el embustero, el ladrón, el piadoso...

—Maté al chico, no lo pude evitar —estaba explicándole, al cabo de treinta años, con el mismo gesto, con la misma voz—. Y me quedo sin carro, sin caballo. En fin, no tengo un céntimo. Es la pura verdad. Oye, Juan Medinao: si aún te acuerdas de mí, ayúdame en esto de los juicios y préstame algo para volver a empezar.

Monedas de plata. Juan Medinao no recordaba si eran treinta como el precio de Cristo, o más de cuarenta, como sus años. Monedas de plata. «Ya no se utilizan monedas de plata. ¡Todo queda tan lejos!»

Bruscamente, se le echó encima, abrazándole como una cruz de plomo. Era un intento de cordialidad amistosa, o, tal vez, un deseo de aplastarle con todo el rencor de sus recuerdos infantiles. Treinta años no significan nada. Dingo, sorprendido por aquel gesto, enmudeció.

Juan Medinao le apretaba entre los brazos con la misma desoladora amistad de sus primeros años.

—Dingo —le dijo—, te hubiera reconocido aunque fuese muerto.

Cuando salió del calabozo, Juan Medinao parecía que hubiese llorado. Afuera le esperaba un criado con un paraguas negro. El mudo estaba allí, apoyado contra la pared mojada, con las manos hundidas en los bolsillos del chaquetón y tiritando de miedo y de frío.

—Llevad a éste a casa —dijo al criado.

A los perros no hubo quien los arrancara de allí, y ladraban lastimeramente arañando la puerta. Dingo contemplaba la escena asomando la cabeza por el ventanuco, de pie sobre el jergón. En los labios tenía una sonrisa entre pícara y conmovida. Los tres hombres se alejaban calle arriba. El paraguas tenía una varilla rota y parecía un viejo cuervo, cojo de un ala, que se les hubiera posado sobre las cabezas.

En cuanto Juan Medinao llegó a la plaza se detuvo.

—Continúa a casa —dijo al criado—. Dale a éste de comer y métalo a dormir en la cuadra.

El criado no respondió. Limitóse a entregarle el paraguas, y seguido del mudo continuó su camino. Juan Medinao permaneció indeciso. Pedro Cruz era uno de sus pastores. Debía, como amo, ir a velar al niño, y de este modo dar ejemplo de piedad. No sabía cuál era la barraca de Pedro Cruz.

En la plaza, los niños chillaban, peleándose por los trapos de colores y el brillo dorado que Dingo arrancara a viejas casullas, fingiéndose devoto monaguillo. Los pequeños puños terrosos de los niños defendían una cinta o un retal. Y allá, más allá, la rueda desprendida y tendida en el suelo, giraba aún milagrosamente. Un niño se cayó al suelo, arrastrando su larga cola amarilla. Los pequeños pies descalzos no dejaban huellas de ruido sobre la madera rota. El baúl, con la tapa desarticulada y riente, descubría sus tesoros sin peso. ¡Cuánta risa pintada sobre el cartón! Había una única careta que lloraba: una careta blanca, toda trazos verde lunar caídos hacia el suelo, con la boca azul. Una niña de pelo de estopa la apretaba contra su cara, asomada a la ventana del carro. Era de noche, bien de noche, y no obstante Juan Medinao lo veía y lo precisaba todo: los colores, las pisadas rápidas y las manitas ambiciosas. Los niños arrastraban los disfraces por el lodo. No sabían nada del carnaval por el que rezaba y se golpeaba el pecho Juan Medinao en su habitación. El carnaval que le llevaba a proteger a los que se burlaban de su cabeza grande y le robaban sus ahorros de niño; el que le llevaba a velar al hijo del pastor. No sabían nada del carnaval, como él mismo. La lluvia seguía azotándolo todo, sin piedad por los colores. Sin piedad por aquella larga pluma verde, aquella hermosa pluma verde que se arrastraba por el barro. La lluvia estropeaba la fiesta de Dingo, lo dejaba todo inservible, empapado. Todas las caretas tenían lágrimas a lo largo de la nariz. Tal vez estaban vengándole a él las monedas de plata.

Juan Medinao avanzó hacia el carro roto, y a su paso los niños se alejaban como una bandada salvaje. Cogió a la niña de cabeza de estopa por la muñeca. La pequeña apretaba más la careta contra el rostro, en un tozudo deseo de refugio.

—Dime dónde vive Pedro Cruz —le pidió. La muñeca de la niña era escurridiza como una culebra. Tal vez no le entendía, y él rectificó:

—Dime dónde vive el niño muerto...

La niña le condujo. Avanzaba delante de él, menuda, chapoteando en los charcos con los pies descalzos y rápidos. Llegaron frente a una barraca de piedra y tierra rojas. En el muro había uno de los carteles que estimulaban las batidas contra los lobos. Estaba desgarrado y podrido de humedad. Juan Medinao recordó con apatía los estragos causados últimamente en sus rebaños. Pedro Cruz había huido de los lobos el invierno anterior. Tal vez ahora, en este momento, estaba también acechado por ellos. Había en la barraca una única ventana baja, muy grande, y una puerta. Dentro, vio resplandor de fuego en cálidas llamaradas. Ya desde fuera, se oía el lamento de las mujeres reunidas en el interior. Juan Medinao y la niña se asomaron a la ventana. Los cristales parecían llorar. Entonces Juan Medinao vio una tablilla que pendía de dos cuerdas y se balanceaba. La niña le señalaba con el dedo y decía algo incomprensible.

Juan Medinao empujó la puerta. En la cocina, junto a las llamas, habían tendido al niño sobre unas parihuelas: con la sangre lavada, peinado y blanco. La madre y las vecinas estaban reunidas, gimiendo. Al entrar él callaron en seco. Sólo el columpio continuó balanceándose, juguete en el tiempo, como empujado por unas manos invisibles y cruelmente pueriles.

Repentinamente, volvió a ahogarle la ira. Ya estaban otra vez mirándole los ojos como cabezas de alfiler negro, hoscos y rencorosos. El amo había entrado. De nada servían contra aquellos ojos la humillación, las rodillas en tierra, las oraciones.

De nada valía su gesto, su presencia. ¿Es que también iban a culparle a él de la muerte del niño? Empezó a juguetear con el botón de su chaleco. Otra vez le hinchaba la ira, le subía a la garganta, le ahogaba en su vino rojo y turbulento. Olía mal, allí dentro olía a pobreza, a suciedad. De pronto, todas aquellas cosas estaban acusándole a él: a Juan Medinao, el amo. Seguramente, por las noches, las ratas roían las cuerdas del columpio y las suelas de las alpargatas. Aquellas alpargatas mojadas que habían aproximado al fuego y expelían un humillo nauseabundo.

—Rezad —les dijo. Y su voz tenía toda la agria sequedad de una orden. Nadie pareció haber oído, no obstante.

—Reza, mujer —repitió Juan Medinao, juntando sus propios dedos, blandos y calientes. Al niño partido, sin pizca de ironía, alguien le había metido una flor en la boca. Debía ser una flor de papel, porque en aquel mes el campo estaba seco. Y así quedaba, con el tallo de alambre entre los labios, ignorante de que le habían ahorrado para siempre la palabra sed. La madre sollozó agudamente.

—¿Se va a quedar? —apuntó una de las mujeres. No había ni temor ni afecto en su voz. Ni tan sólo cortesía. A veces, las mujeres de la tierra hablan como si hablase el tiempo, más allá de la indiferencia. Era como si todas aquellas mujeres careciesen repentinamente de ojos y de boca: sólo veía el bulto marchito de sus cuerpos y sus greñas ásperas. Se dobló de rodillas en el suelo y buscó en sus bolsillos el rosario. Tras la ventana distinguió el rostro de la niña de cabeza de estopa, que se ponía la careta y se la quitaba. Se ponía la careta y se la quitaba... al otro lado del columpio, de la lluvia y del rojo resplandor del fuego.

La madre se levantó de junto al niño. Sin dejar de llorar, empezó a moler un puñadito de café, que guardaba en una lata desde el último entierro.

III

J<small>UAN</small> Medinao bajó la cabeza de golpe y empezó a rezar. Su oración no tenía nada que ver con su voz. Su oración era una vuelta a la adolescencia, a la infancia. A su soledad.

La niña de cabeza de estopa había desaparecido de los cristales, había retrocedido de nuevo hacia la noche, dejándose olvidada la careta al borde de la ventana. La pintura, toda trazos caídos, lloraba hipócrita debajo del agua. Estaban en carnaval. (Y así siempre: todos los hombres y todas las mujeres que se aproximaban a sus ventanas cerradas, retrocedían luego hacia la noche espesa de donde venían. Acaso le dejaban una careta apoyada en los cristales. La noche. Negra, rodeando sus actos y sus pensamientos. Ciego él para toda noche.)

También él nació en carnaval, hacía cuarenta y dos años, en una tarde desasosegada. El viento azotaba las esquinas, pegaba los ropas al cuerpo y el cabello a la frente. Los troncos del Noroeste se doblaban, sacudidos, y en el patio ladraba un

perro. Su madre, aquella mujer de cintura negra
que a menudo se arrojaba de bruces sobre la cama
para gemir y lamentarse, se lo había contado.
Cuando él tenía tres años apenas, ya le hablaba
su madre de aquella tarde de carnaval en que lo
arrojó al mundo:

—Fue casi anochecido —las manos de su ma-
dre, que eran huesudas y febriles, le cogían la ca-
beza—. Yo veía el cielo desde la cama. Lo veía
volverse verde, igual que un hombre cuando va a
vomitar. Y creía que iba a morirme y que no po-
dría soportarlo. Juan Padre estaba ausente, y el
médico llegó borracho, como de costumbre, me-
dio doblado sobre el caballo y salpicado de barro.
Tu padre me había traído de muy lejos, de mi
tierra, donde había iglesia y tiendas. Aquí, a mí
me parecía estar enterrada y tan sola como un
muerto.

En la aldea decían que la madre estaba loca,
loca y endemoniada en la casa roja, con sombra
siempre guardada en los rincones. Sombra en la que
ahora él, con luz eléctrica, intentaba desnudar re-
cuerdos infantiles. Su infancia transcurrió aterra-
da por los ángulos negros, por los escalones que
crujen en la oscuridad, por los murciélagos que se
pegan en la pared fría y desapacible de la alco-
ba. Los primeros recuerdos del padre eran atroces.
El padre era la brutalidad, el temor, la fuerza ava-
salladora y lejana, los golpes en la espalda que

queman como humillaciones. El padre era la
risa, sobre todo. Idioma extranjero a su sentir, a
su vivir vacilante de niño feo. «La risa cruel e im-
posible, que uno no podrá jamás conseguir».

Un día el padre estaba en el centro del patio.
Tenía las piernas como troncos de árbol, enfunda-
das hasta la rodilla en botas de cuero. Parecía
brotado del suelo, vibrante hijo de la tierra, con
la cascada de rizos negros de su barba temblando
sobre el pecho. Sacudía la cabeza al reírse, y el
sonido de su garganta era risa siempre, siempre
risa, aun cuando blasfemase o amenazara. Y allí,
en el centro del patio, con su látigo en la mano,
estaba viendo cómo desollaban a un toro que se
mató en el barranco. De pronto, levantó un brazo
y descargó un golpe sobre el cuerpo muerto. Dos
criadas que había allí rieron estrepitosamente. Juan
Niño, que no sabía jugar, vio la línea blanca vol-
verse más roja, más, y así, temblando, fundirse en
una espuma candente que cayó al suelo en gotas
como lumbre. Eran flores. Flores de una fuerza im-
posible, de un aroma vivo que crispaba la piel.
Juan Niño tenía una cabeza demasiado grande so-
bre el cuerpo. Se llevó las manos a las orejas y
huyó del patio, donde a Juan Padre le gustaba
que rieran las criadas.

Juan Niño tenía cuatro años blancos, sin refu-
gio ni horizonte.

El párroco de la Artámila Central fue un día

a visitarles y a comer galletas con media nuez en el centro. La madre y él escucharon sus palabras respetuosamente. La madre tenía la cabeza baja, las largas pestañas temblándole sobre las mejillas, y retorcía entre los dedos una punta de su chal. El párroco acarició los hombros de Juan Niño y le dijo que un día, vestido de blanco, podía tragarse a Dios. «Y pedirle favores», apuntó la madre, tímidamente. Entonces supo Juan Niño que debía rogar durante toda su vida por la salvación de Juan Padre. Por él y por todos los hombres pecadores, inconscientes y fuertes, que pegan con un látigo la carne cruda. Y también por las mujeres pálidas y eternamente ofendidas, que lloran de bruces sobre la cama. Y por los párrocos ancianos que sufren de asma y deben andar ocho kilómetros tragando polvo encarnado, para llevar la voz de Dios a las criaturas olvidadizas y duras. Pronto comprendió que Juan Padre era jugador y generoso, cruel y descreído. Su voz poderosa, hacía temblar la medalla de plata en el pecho de Juan Niño. Los ojos de Juan Padre eran claros: ojos de cazador, brillantes, coléricos y risueños. Ojos de escarcha y vino, de flor venenosa. Esa flor que crecía junto al río, entre los mimbres de gitano, y que al cortarse manchaba los dedos con un jugo que no debía llevarse a los labios. Toda la miseria y la avaricia de Juan Abuelo se trocó en derroche y despreocupación en Juan Padre.

Era malgastador, fanfarrón y borracho. No había querido casarse con una campesina, y por eso trajo un día de allá, tras las montañas, de un pueblo donde había escaparates con cintas de colores, rosarios de oro y agua de colonia, a una mujer de manos cuidadas, llorona y asustada, a quien no amó. Juan Padre la abandonaba en la casa grande, y se iba más allá de la última Artámila. Les olvidaba a ellos y a la tierra, y traía objetos de lejanas ciudades que se enmohecían amontonados en su habitación. Juan Padre bebía cada vez más. Un vino granate y otro dorado como la luna del trigo. Y era todo él como el viento frío que cierra las puertas de golpe y atemoriza las hojas en octubre. Y se iba, se iba siempre. Y los ojos de Juan Niño le veían montar a caballo, en el patio, y cruzar la empalizada, y veía cerrar la gran puerta de madera tras él. Y Juan Padre tardaba, siempre tardaba. Se iba como todos los hombres y todas las mujeres, como el dulce tono malva de nuestro invierno y como el tiempo de las uvas y como las hojas. Y cuando volvía, uno lloraba por lo que antes sonreía, y sonreía por lo que antes hacía llorar. Pero siempre se era el mismo. Y siempre se quedaba uno tan solo: con el silencio ofendido de la madre y las burlas de los hijos de los jornaleros, que se reían de su cabeza grande y sus piernas torcidas. En la casa grande, donde había en la pared del comedor un retrato seco y amarillo de Juan Abuelo, más cerca de ellos y de sus lágrimas, se miraba al espejo maravillándose de proceder de la tierra; de la tierra que alberga agua y ratas, flores como soles y culebras azules. Todo iba a ser para él un día. El trabajo de los jornaleros y el de los hijos de los jornaleros, le pertenecía. Casi toda la Baja Artámila, desde la viña aquella embarrancada y en declive cuyo fruto tardío mataba el invierno, hasta el alto oro del verano. «¡Oh, sombría tierra, oscura tierra que da y quita, como Dios!» ¡Era él tan distinto a todo lo que le rodeaba! La madre era el ángulo derecho de la sala, tenebroso y mal limpiado por las criadas: el vértice de lo negro, de los cuentos de miedo, las supersticiones y las velas a San Antonio. Era las hormigas del rosario, en ruta de negocios hacia el alma, enredadas en caravana negra sobre la muñeca, donde late la sangre desacompasadamente.

Allá afuera, en el patio, bajo otro cielo más azul y raro, había jornaleros y criados que celebraban la fiesta de agosto, tras la parva del trigo. Las losas del patio central, tenían adherido un polvillo dorado y perenne, parecido al que impregna las alas de las mariposas. Y como si esto fuera poco, aún había paja entre las junturas de las losas, centelleando. Uno de los criados sabía tocar el violín. Acompañado de la guitarra, conseguía tonadas extrañas y gimientes, movedizas y lánguidamente cadenciosas, de una dulzura densa

que se introducía en las venas y obligaba a dar
vueltas y más vueltas en la cama. Una noche, Juan
Niño no pudo resistir más en su pequeño lecho.
La cadencia pegajosa y caliente bamboleaba la
cortinilla blanca de su alcoba. Bajó descalzo, a
escondidas, hurtándose tras una de las columnas
del gran patio central. Entonces los vio bailar y
beber. Reían en un barboteo bajo y siniestro, co-
mo el agua que socava las entrañas del campo.
Fue entonces cuando se fijó en el esplendor repen-
tino de aquella criada, Salomé. Hasta aquel mo-
mento, no pasó de ser una más, de piel quemada
y blusa blanca. Pero ahora alguien le había traido
de lejos unos pendientes de plata y un vestido in-
sólito, jamás visto. Casi era un insulto, como toda
su persona, entre la bestial uniformidad de las muje-
res de Artámila. Era un vestido a rayas verde y
rosa. De improviso, ella era, se aparecía, como un
gran insecto exótico, celebrando la parva en el
centro de la música, sobre el polvo de oro de las
losas. Su sombra, bajo las vueltas rápidas de los
descalzos pies castaños, era una mancha azul y
elástica que le incitaba a tender las manos y su-
mergirlas en ella como en un charco muy frío. Sus
manos pálidas de niño, con las uñas carcomidas
y las muñecas ardorosas. Sin que nadie viniera a
contárselo, él, Juan Niño, a los cuatro años, lo
supo. Lo supo sin saber nada, sin haberles visto
nunca juntos. Y, en torno a Salomé, ni los tres

cuerpos pesados de la casa, ni las altas montañas, ni la lluvia y las mariposas negras, ni los gritos del cuervo y el azotado viento del Noroeste, podían apagar el color verde y rosa y aquella música de los pendientes de plata.

Desde aquella noche, Juan Padre y Salomé le aterraban y le atraían, le daban ganas de huir y refugiarse en Dios o al Noroeste. La madre decía que Salomé era una mala mujer, pero no podía arrojarla lejos, porque Juan Padre existía, brotando del suelo, violento y vivo como una hoguera implacable. Nadie podía echarla a la calle. Fascinaba su existencia, aun cuando el vestido un día se hizo jirones y sirvió para asustar a los pájaros en primavera; aun cuando continuara luego vistiendo la burda blusa blanca y, a veces, la viera en la era comiendo con los dedos. Reía sobre la paja, y levantaba los brazos hacia el sol, descubriendo grandes manchas de sudor en los sobacos. Juan Padre y Salomé, eran como el río crecido, como la tierra roja y encendida que el viento arrojaba contra la ventana cerrada de Juan Niño. En tanto la madre era la brujita exasperada, con los ojos amoratados y los labios blancos de orgullo. Ah, cuando Juan Niño nació, por algo ladraban los perros en el patio de las mariposas. «Esa mala mujer —decía la madre, conteniendo sus lagrimas— se abrasará en el fuego negro del infierno». Le parecía aún estar escuchando la risa intempes-

tiva de la madre, desvariando fantasías de lo que
sucedería a Salomé en la otra vida. El corazón de
Juan Niño, entonces, naufragaba en Dios: en
aquel Dios que tenía campanas en la Artámila
Central. Y lo amaba y esperaba, porque no podía
amar ni esperar nada de los campos ardorosos,
ni del chasquido de los látigos, ni de los hombres
y las mujeres que se perdían en los surcos y se
hacían cada vez más pequeños hacia el horizonte.
Aunque no sabía quién ni por qué era Dios, tuvo
fe en Él. Su fe era como la sal del mar, que él no
conocía. Aún no había leído nada del Catecismo,
y cuando un día lo cogió en las manos por primera
vez tuvo miedo. «Me lo van a estropear», intuía.
Era obligarle a pensar en Dios, y a Dios había que
dejárselo así: dentro del corazón, puro y primario.
Tenía cinco años, cinco años tan sólo, y, sin em-
bargo, sabía todo esto. Lo sabía, como sabía que en
otoño arderían las cosas en vida. Como sabía que
aquella viña tan hermosa que había plantado Juan
Padre no sería vino en la Artámila dura y frugal,
donde bastaban el pan y el agua debajo de la
tormenta y el fuego del verano. Supo tan pronto
todo, tenía desde tan niño en el corazón la levadu-
ra de la vida, que se le encalló, se le enfermó como
una maldición para toda su existencia.

Algún día, aunque aún era muy pequeño, su
madre le envió a la escuela con la recomendación
de que sólo le enseñaran a rezar. La escuela es-

taba distante, en el camino que llevaba lejos, con paredes marrón y tejado agujereado de donde pendían nidos muertos. Sin jardín. También los cristales estaban como acuchillados y al llover todo gemía, los bancos de madera y los cromos del Evangelio. Le cayó un librito entre las manos. Era pequeño, diminuto, entre la Geografía y la Aritmética. Tenía grabados, y decía en la primera página: «TE SANTIGUARÁS.» El maestro se lo explicaba, rascándose una oreja con un palillo, porque él aún no sabía leer. Era preciso llevarse el dedo pulgar sucio de tinta a la frente y los labios. No, no. Dios era más grande y más serio. Tal vez sólo las campanas hubieran podido rezarle. El maestro era calvo y le daba al Catecismo un tono fatigado, entre humo de tabaco. Con sus dientes manchados de nicotina hablaba de amor de Dios. Juan Niño no quería ir más a la escuela, no quería ver más al maestro ni a los otros niños.

Por entonces ocurrió aquello trascendental en su vida. Nació Pablo, el hijo de Salomé. Era en agosto, tiempo quemado y violento, muerto ya el verde, cuando los mojados hoyos del sendero se vuelven de humo negro.

Salomé se apagó. Era como si ya sólo quedara el tintineo de los pendientes de plata en torno a su rostro inexistente. Como si la imaginaria música de los zarcillos cantase a una mujer que nunca había nacido. Los pasos de Salomé recordaban los de un pato, y su vientre abultado devoró la gracia de sus quince años. Juan Padre estaba ausente otra vez.

Una madrugada, Juan Niño se despertó al rumor de pasos en el patio. Junto a la cuadra dormía una vieja criada que ayudaba a traer al mundo terneros y hombres. Juan Niño escuchó incorporado, con el corazón anhelante. Todos sus huesos presentían la proximidad del hermano. Saltó de la cama, excitado. Se puso la camisa y los pantalones y bajó al patio con los pies descalzos.

Afuera, los mosquitos zumbaban y brillaban, formando parte integrante del calor. Vio la silueta apresurada de la vieja, maldiciendo por la interrupción de su sueño, que corría tras la hermana mayor de Salomé abrochándose la última de sus innumerables faldas. Por lo demás, todo quedaba tan quieto e indiferente, bajo la rosada luna. Los otros criados estaban rendidos de cansancio, dormidos. La gran puerta de la empalizada chirrió. Las dos mujeres corrían hacia las barracas de los jornaleros. Una luminosidad de miel hacía resplandecer el suelo, donde las estacas de la valla proyectaban largos brazos de sombra hacia Juan Niño. Venciendo su miedo, las siguió hasta allí donde vivía Salomé con su hermana y el pequeño Agustín.

Las mujeres entraron y cerraron la puerta. Jadeando por la carrera, Juan Niño se sentó en el suelo con la espalda pegada al muro de la barraca.

Luego, todo calló. Sólo oía el silencio vibrante de la sangre dentro de las sienes y el rumor de los insectos, obsesionantes y azulosos, en la oscuridad que le invadía. De pronto estallaron los gritos de Rosa, la hermana mayor de Salomé, que despertaba a Agustín y le ordenaba salir afuera. El gato se escabulló por la rendija amarilla de la puerta y huyó al campo. En la esquina de la barraca, una cañería desembocaba en un cubo de madera. Aquella era la única barraca que poseía un pequeño depósito de agua, invención del niño Agustín, cuyo raro mecanismo nadie había logrado poner en claro. Empezó a gotear. Cada gotita de agua, espaciada y musical, era como un luminoso recuento de segundo, chispeando bajo la luna. Bruscamente, se abrió la puerta y salió Agustín, manchado ya por la tierra de Juan Padre. El resplandor le aureoló la cabeza. Juan Niño se pegó más contra la pared y contuvo la respiración. Agustín vaciló un segundo. Iba medio desnudo y llevaba dos cubos. Sus brazos flacos, rígidos, pendían a lo largo del cuerpo. Luego, desapareció tras las otras barracas, hacia el río. Su pequeño depósito estaba agotado. Juan Niño se deslizó por la puerta que Agustín dejara abierta. A la derecha había un hueco muy oscuro, junto a la cocina, donde guardaban los aperos de labranza y un látigo de cuero cuya proximidad le dolía. Juan Niño se acurrucó entre los rastrillos y las guadañas. Presentía, sin

oírlo, un largo grito. Y vio el vaho del agua que
hervía en la cocina. Nacía un hombre, allí, tras la
puerta del dormitorio. ¿Acaso se le parecería?...
No. No. Nadie sería como él. Él estaba solo entre
todos. ¿Por qué había nacido? Las lágrimas, largas
y lentas, le cayeron calientes sobre una mano. Sus
cinco años aparecían sacudidos por la conciencia de
su soledad. Iba marcado, tal vez. Pero su Dios le
salvaría de los hombres. ¡Tenía aún que esperar,
quién sabía cuánto tiempo! ¿Y si muriese? Le
asaltó el pensamiento de que, a medida que el her-
mano nacía, él debía morir. Sí. Le encontrarían, al
día siguiente, entre las azadas y los picos, como un
muñeco desmoronado. Pero no murió. Y aquella
larga espera fue la antesala de la que arrastraba
aún hoy sobre la tierra.

Por un momento, Juan Niño pensó entonces:
«Tal vez si ese nace, yo no estaré más solo». Pero
un hijo de Juan Padre y Salomé sería como un
río atravesando resecas llanuras bajo un gran sol.
Sobre una tablilla, una vela flaca mantenía su
llama. Dos moscas se perseguían en torno a ella y
Juan Niño oía caer la cera derretida sobre la ma-
dera del suelo. Él amaba el fuego, y siempre lle-
vaba fósforos en el bolsillo, para prender ramitas
y paja en un ángulo del patio, cuando todos esta-
ban en el campo y nadie, excepto los perros o su
madre, podían verle. Un violento deseo empezó en-
tonces a roerle: prender fuego a la barraca y morir

junto al hermano no nacido. Morir los dos, y que el viento los barriera confundidos y los lanzara hacia el horizonte, donde no se sabe más. Pero casi en seguida se dio cuenta de que aquello era un crimen y mancharía lo blanco del alma. Sólo entonces, quiso poder ver cómo nacen los hombres. Habían obligado a Agustín a saltar de su sueño y salir al campo. Lo alejaron, porque tal vez aquello era feo. Su madre le había dicho: «Horrible», al nombrar la tarde en que él naciera. Ahora, ni el viento ni los perros aullaban. Un silencio tórrido empapaba los cabellos y la frente, en torno al que se acercaba. La vela se apagó, y quedó el pábilo azuleando, como un gusanito que se muere.

Entonces, la puerta del dormitorio cobró vigor: como una fuerza negra, tajante, frente a él. Era una puerta de madera vieja, las tablas no encajaban bien y dejaba escapar cuchilladas amarillas. Lentamente se acercó y apoyó la cara en ella, con los ojos asomados a una de las rendijas. Al principio no vio nada, y luego sólo un trozo de pared manchado de humedad. Un aroma a carcoma y moho le invadió, y sintió que el sudor le pegaba la frente a la madera. De este modo, distinguió una araña muy negra que ascendía torpemente al techo. Estuvo quieto hasta que desapareció de su breve campo visual. Percibió pisadas y voces. Pero nadie se lamentaba, nadie gemía. Claramente, comprendió que Salomé no sería nunca más la reina de la

parva. Su vestido verde y rosa, era ya de ceniza.
¡Oh, no quería ver, no necesitaba ver nada! El co-
razón le golpeó, brutal. Dando media vuelta, echó
a correr.

En el umbral tropezó con el escalón y cayó a
tierra. De bruces, sintió la llama viva del suelo en
toda su crueldad. Penosamente se sentó y miró sus
rodillas, que empezaban a gotear una sangre os-
cura. Una larga gota casi negra, serpenteaba a lo
largo de su pierna. En aquel momento salió del
dormitorio y le vio. Era Rosa. Se acercó a él, con
las manos mojadas sobre las caderas. El levantó
la cabeza y sus ojos se encontraron, silenciosos,
quietos. Juan Niño, no lloraba ya. Pero su cuello
aparecía estremecido levemente por un hipo in-
fantil. Ella tenía treinta años, quizá, y alrededor
de sus párpados se apretujaban finas cuchilladas
de tiempo. Le caía una flaca trenza sobre el hom-
bro e iba a medio vestir, con la piel partida en dos
colores: más pálida allí donde el sol no le llegaba
nunca. Todo era agostado en ella, con segaduras
tempranas y contornos rendidos. No tuvo lástima
de Juan Niño, como no la tenía de Salomé ni del
que nacía. Pero se inclinó, cogió del brazo al hijo
del amo y lo entró en la cocina. Siempre trabajó
para lo que no le importaba ni siquiera le perte-
necía.

El fuego de la cocina era nuevo, los troncos
estaban frescos aún. El vapor del agua empañaba

el vidrio de la ventana y hacía ardiente la respiración. Sin hablar, le lavó las rodillas. Luego, le empujó a la puerta de la calle y la cerró a su espalda.

Afuera, Juan Niño, se secó las lágrimas con el antebrazo. Tras las montañas, brotaba un día inflamable. Aplastado por un poder incierto, se dirigió a la primera colina, donde estaban emplazadas las eras. No podía, no podía ir a casa y dormir. Había nacido su hermano. En la primera era, estaba amontonado el trigo a medio limpiar. Pesaba el calor, en un silencio irritante. Las losas de la era estaban todavía calientes, y se echó boca abajo, con la cara escondida entre los brazos. Sólo tenía cinco años, pero mil precoces sufrimientos le volvían así, tendido y doloroso, frente a la vida. Había oído mucho silencio y muchas palabras. Era de los que van de puntillas y pegan la oreja a las cerraduras. Juan Niño se abandonó plenamente al suelo, y lenta, sensualmente, le nació el odio y el amor al hermano. «Acaso sea hermoso y fuerte», decía algún ángel a su oído. Se miró las manos, pálidas y manchadas de tierra. Entonces, le invadió una ola de sangre, de flor de sangre, tan intenso que le produjo náuseas. Aquel aroma brotaba de él mismo y enrojecía su cerebro y el interior de sus párpados. Luego, sin saber cómo, se durmió.

Le despertó la algarabía de los campesinos que subían a la era con los caballos. Juan Niño echó a correr de nuevo. No quería que le vieran. No podía soportar que le vieran y pensaran. «¡Qué hermoso y fuerte es el hermano!» Puerilmente, creía tener un hermano hombre, no una criatura débil y rojiza como cualquier recién nacido.

Una voz le llamaba, largamente, allá abajo. Era un criado de su casa, que iba buscándole, porque seguramente la madre le echaba en falta. Corrió río arriba, hacia la montaña. Volvió un momento la cabeza hacia atrás, con la respiración anhelante, y miró hacia la era con un pueril terror hacia todas las gentes. Una niña estaba sentada en un banquillo, bajo un gran montón de heno, toda prendida por el sol. Aún no trabajaba, tendría sólo tres o cuatro años y había tendido sobre sus rodillas el cuerpo rígido de un muñeco. ¡Un juguete era algo tan extraordinario e inaudito en la aldea! El muñeco tenía largos cabellos amarillos que caían perpendiculares al suelo, y la niña los acariciaba con sus manos precozmente delgadas. Juan Niño continuó su carrera, más de prisa. ¡Todo le hacía tanto daño! Siguió el borde del río, entre los mimbres. Encontró el rastro de un lebrel y dio al fin con un pastor que guardaba unas ovejas. Aquel hombre no estaba al servicio de los Juanes y guardaba su propio ganado. Era viejo, estaba sentado en una piedra con las manos en las rodillas. Hacía tiempo que no se cortaba el cabello, y le caía en blancos mechones sobre el cuello. Parecía mudo e indiferente, con sus ojillos clavados en el vacío. Juan

Niño se acercó a él llevado del mismo sentimiento que le empujara antes a tenderse sobre las piedras de la era. Se sentó a sus pies. ¡Necesitaba tanta paz! Era muy pequeño, y la sombra de aquella gran vejez le sumía en un sueño dulce, como una canción de cuna. No quería conocer tantas cosas, sentir tantas cosas. Sus huesos eran aún como juncos verdes, sus manos estaban apenas dibujadas. Le llegaba el olor a cuero del pastor y todo el despertar del campo, con los tallos empujándose alegremente como niños, al paso del lebrel. El hombre viejo, en cambio, parecía de piedra, menos humano que los robles y las nubes.

Juan Niño levantó la cabeza y dijo con su vocecita aguda:

—Ha nacido uno.

El pastor seguía impasible. Juan Niño añadió:

—En la barraca de los Zácaros..., de Salomé.

Entonces, el pastor dijo:

—Puta.

Juan Niño se volvió a dormir. Cuando despertó de nuevo, las piedrecillas del suelo se le clavaron en las mejillas. El pastor quedaba más alto, cortando pedacitos de pan. Uno lo daba al perro, y el otro se lo comía. Juan Niño se fue hacia él y comió también. De repente, el viejo apoyó la punta de la navaja en el pecho del niño. Como si hubiera estado meditando hasta entonces todas sus palabras, y las soltara con violencia, irreprimiblemente, dijo:

4

—Míralo... —y era como si lo explicara al lebrel—, ¿qué va a hacer con La Artámila éste? Yo vi cómo la ganó su abuelo, el barba de chivo. Yo no les debo nada, pero, ¡ay de los otros! Desde entonces, ¿quién en la aldea no les debe a los Juanes?... Recuerdo, cuando mis hijos se iban muriendo en el año de la gripe, que el viejo se llegaba a mi casa con el engaño de los préstamos. Pero yo le apedreé, y le dije: «Largo de aquí, alguacil del diablo, no te beberás mi sangre, aunque ardamos todos al sol». Bien: a él solo le dieron un hijo, malo y estúpido. Y, de aquél, este otro, raquítico y cabezota. ¡Buen camino llevan, raza de uñas largas! Tú, pequeño, si no te pudres antes con la tierra entre los dientes, ¡quién sabe si ese que han dejado nacer no te dará guerra!

Escupió y guardó el pan en el zurrón. Juan Niño le siguió silencioso, y pasó el día a su lado.

Con él, regresó a la aldea, ya con muchas sombras galopándoles a las espaldas. Juan Niño cruzó las barracas. La noche lo devoró todo, se bebió matices y colores, dejando bajo la luna grandes esqueletos de cal. Estaba vacío el banquillo de la niña junto al heno. Tan sólo los mosquitos, en nubes centelleantes, proseguían su tórrida canción.

Juan Niño no sentía su cuerpo. Aquel día de ayuno le volvió ligero. Convertido en una pequeña llama, crepitaba en un latir rojo, constante. Avanzó lentamente hacia la casa, en línea recta, como un alucinado. Todo el cielo se moría de sed.

Ahora, si había regresado, Juan Padre le azotaría desnudo. Y si no, la madre le cogería la cabeza entre las manos, lamentándose de su ausencia. Diría que un muchacho no huye de casa.

En la aldea ocurría algo extraño. La puerta de la empalizada estaba abierta. Por encima del tejado se había parado la luna. En el patio, tres mujeres estaban sentadas en el suelo, en hilera, con los mantos sobre la cabeza y las manos abandonadas en las rodillas. Manos de campesina, ociosas, abandonadas sobre la falda negra. Esto le dio la verdadera sensación de anormalidad. Los pies de Juan Niño se detuvieron. Entonces se dio cuenta de cómo le estaban mirando las mujeres, el mozo del establo y la luna. ¡Oh, luna quieta! Nadie le había contado a Juan Niño el cuento del viejo que llevaba leña a la luna, pero también a él prendía los ojos, como a todos los niños del mundo. En la puerta de la casa apareció una de las criadas. Al verle, se tapó la cara como si fuera a llorar. Juan Niño comprendía que debía continuar avanzando, avanzando, hasta que una fuerza ajena y superior se lo impidiera. Cruzó el patio y subió la escalera. En el cuarto de la madre había luz, y en el suelo se recortaba el cuadro amarillo de la puerta. Era una luz especial, una luz con olor, gusto y tacto. No había en ella nada violento ni deslumbrante. Vidriosa y densa, emborronaba la oscuridad como un aliento. Siguió avanzando, menudo y solemne, con los brazos caídos a lo largo del cuerpo. Al cruzar el umbral, su sombra apenas dejaba en el suelo un negro parpadeo. En todo él había algo de temblor estelar, de hierba azotada.

Se detuvo, al fin, junto a los barrotes de la cama. Rígida, con la cara tapada, estaba la muerte servida en el lecho. Allí, la cintura breve y negra y las manos amarillas que no iban a tocar más su cabeza. La habitación parecía llena de moscas que zumbaran. Entonces rodó de un solo tajo todo el calor de la noche. Por uñas y ojos, le entró invierno, y parecía que huía su sangre como un río. ¡Ser niño, tener sólo cinco años! De pronto, se encontró abrazado a ella frenéticamente, sin un solo golpe de corazón. Era como si la vida se le hubiese detenido y ya nunca más pudiera volver a respirar. Le arrancó el lienzo de la cara, y la vio hinchada, de color morado y sanguinolenta. Se había ahorcado.

Entonces, cuando le sorprendió el tinte animal de su propia voz, entraron los criados y le apartaron de la muerta. Salieron como una bandada de detrás de las puertas y los rincones. Pero ya nadie podría borrarle la visión de los ojos abiertos. En adelante, cuando le venía a la memoria el recuerdo de aquella noche, veía, en lugar del rostro de la madre, un par de ojos con muchas cintas encarnadas y azules, como toros con su divisa al viento. La lloró como un perro, tendido en la esterilla del suelo, traspasado de soledad, afrentado y roto su amor verde y agrio de niño. Madre muerta. Madre muerta. Estas dos palabras le herían con filo de hielo. Qué pálida se puso la luna. No podían sacarle de la habitación, se pegó al suelo ferozmente. La garganta se le llenó de fuego, ronco de sollozar, y al amanecer, entre el rumoreo de los rezos de dos criadas, se durmió.

Unos cascos de caballo le sobresaltaron. Habían avisado a Juan Padre. La luz del sol entrante volvía roja y dorada la habitación, y las cortinas de lienzo parecían arder. Aún le sacudía los hombros una desesperación sorda, profunda, que ni siquiera comprendía bien. Estaba dolorido, lleno de mocos y de baba. En la ventana, una abeja intentaba penetrar por un repliegue de la cortina.

Los cascos del caballo, chirriaban en las losas del patio. Luego, aquel pisar conocido y temido, que hacía crujir los peldaños, se acercó.

Lentamente, Juan Niño, se incorporó. Parecía un santito de cera. Juan Padre entró. Nunca le había parecido tan grande y rojo. Un fuerte aroma invadió entonces la habitación, como si todo el bosque se hubiera puesto a soplar por las rendijas. El aroma a resina y cuero nuevo, desplazó la neblina de zumbidos y muerte. Juan Padre, inmóvil, estaba parado y mirándole. Tenía los ojos llenos de terror.

Bruscamente, el hombre pareció doblarse. Le

vio muy cerca, sacudido de dolor y miedo. Le cogió
en brazos y lo sentó en sus rodillas. Lloraba sin
lágrimas, y en aquel llanto había mucho de sorpre-
sa dolorosa, una sorpresa de niñote bestial que le
eximía de culpa. Y entonces, junto al llanto seco
del hombre, Juan Niño intuyó milagrosamente a
su padre, por primera vez. Adivinó que no había
en él maldad auténtica. Era estúpido nada más. El
llanto tenía también mucha semejanza con su risa.
Era su risa de siempre.

Algo se derrumbó ante Juan Niño. El padre
perdía lejanía, perdía fuerza. Era un pecador más,
uno de los pecadores por los que le habían enseña-
do a rezar. Un pecador vulgar, como el que no va
a misa o roba fruta. Juan Niño, se mantenía duro
en las rodillas de su padre. Cerca de sus mejillas los
labios ásperos del hombre emitían un ronquido
profundamente terreno, casi palpable. Juan Niño
empezó a sentirse blanco, frío y distante como
un ángel.

En aquel momento, Juan Padre le cogió las
manos y se las besó torpemente, mientras decía:

—Todo es culpa mía, culpa mía. Yo tengo toda
la culpa. Ella era una loca del diablo, maldita sea,
pero... ¡qué cuerno, era tu madre, y por mí, por
mí, te has quedado sin ella! ¿Cómo no pensé que
estaba lo suficientemente chiflada para hacer esto?
Pobre hijo mío, perdóname.

La abeja se había quedado quieta y en silencio,

presa en la cortina como un botón de oro. La sensación de debilidad huyó. Juan Niño era ahora el fuerte. Su fuerza era densa y podía ahogar, lenta y dulcemente, como un mal de miel. Las últimas palabras del padre tomaban cuerpo: perdóname. Perdóname. Hasta el mismo dolor se detuvo, pero lo comprendió. Un vino ardiente le entraba en las venas y se agolpaba en el cerebro. Juan Niño avanzó una mano y sin timidez acarició la cabeza de su padre. No le quería. No le querría jamás. Pero acababa de hallar una espada que siempre le iba a pesar en la mano derecha. Que nunca había de abandonar. Era el perdón contra el prójimo, el perdón hecho de plomo de los débiles.

—¡Pobre hijo...! —seguía diciendo en tanto aquel hombre brutal.

Pero ya de esto hacía cerca de cuarenta años.

IV

Tú no sabes el daño que me hicistes... Pero te perdono. Te perdoné al día siguiente mismo: en cuanto vi que habías escapado con el dinero —decía ahora, a aquel viejo amigo, a aquel único amigo que tuvo en la vida.

Los ojos de Dingo estaban diciendo en tanto: «Pero, vaya por Dios, aquellas cosas de chicos». No obstante miraba furtivamente al suelo y a sus manos esposadas. Se lo llevaban a la Artámila Central, donde residía el juez. Después le conducirían a Nájera, para procesarle. Juan Medinao había venido para prometerle su apoyo. Como siempre.

—Dingo... ya sé qué estás pensando: que sólo fue una ratería de chiquillos sin consecuencias. Bueno, tal vez tengas razón. Pero oye esto: te llevaste mi libertad, te llevaste mi vida. Sí, te la llevaste tú, y me dejabas entonces sin un solo amigo, sin un agujerito para sacar el hocico y respirar...

Qué pasión había en su voz ahora. Y continuó:

—¿O es que no te acuerdas ya de aquellos tiempos?

Los guardias estaban dispuestos. Con el tacón apagaban la ceniza y los rescoldos de la hoguera que habían encendido para calentarse antes de emprender el camino. Se mascaba en el aire el malhumor y los ternos. Las manos de Dingo se ponían azules por las esposas y el frío. «Me va a largar ahora un sermón, pero paciencia. Al fin, me ayudará y quizá me compre un carro nuevo..., ¡cuando eso llegue, no me ve más el pelo, ni él ni esta tierra que el diablo confunda!» Siempre fue así, desde niños. Juan Medinao tenía que hacer historias piadosas antes de prestar un duro. Pero lo prestaba, y no lo reclamaba. «Cada cual arma sus comedias, y las representa a su modo», se dijo Dingo filosóficamente.

El cielo había despejado, y se ponía rosado tras los negros esqueletos de los árboles. Juan Medinao estaba frente a él, con los pies en el barro, temblando de frío mientras hablaba, y sujetándose las solapas con una mano. Un viento cortante, agitaba su cabello desteñido. Tenía los mismos ojos de cuando chaval: como constipados. Y su misma voz. Aquella voz hosca, recóndita, que a veces se quebraba en un temblor apasionado e incomprensible. No entonaba, generalmente, con sus palabras, aquel tono siniestro de la voz.

—¿O es que ya no te acuerdas? —repitió. Además, era machacón como un borracho. Dingo sacu-

dió la cabeza afirmativamente. «Ya podía darme
un trago», pensó.

Como si lo adivinara, uno de los guardias le
acercó la bota a los labios y le ayudó a beber.

—Andando —dijeron. Se envolvieron en sus
capotes y montaron en el carro. Era el único carro
de la aldea, prestado por Juan Medinao para que
no fueran a pie.

—Adiós, amigo mío —dijo Dingo, con el tono
patético de sus mejores momentos escénicos—.
Gracias por tu ayuda.

—Claro está que puedes contar con mi ayuda
—dijo entonces Juan—. Claro está que eres mi
amigo, mi amigo más bueno, el que...

El chirriar de las ruedas y el grito del carretero
le ahogaron sus palabras. Entonces echó a andar,
de prisa, tras el carro. Y se puso a chillarle con
las manos en forma de bocina:

—¡Dingo, no te preocupes, no te preocupes!
¡Iré a Nájera y te apoyaré en todo!... ¡Conse-
guiré tu fianza, te vendrás a casa, y entonces...!

Asomado al carro como una marioneta, Dingo
se alejaba, sonriente y pedigüeño, con la barba al
viento. Los ojos separados, con su eterno triunfo
pícaro, rastrero. Una ira violenta hervía en el pecho
de Juan Medinao:

—¡Cuenta conmigo, amigo! —repitió. Y se
paró para verle alejarse definitivamente.

El médico y el cura llegaban ya, cruzándose en

el camino de Dingo. Sus caballerías estaban sucias
de lodo. Juan Medinao se detuvo a contemplar al
cura. Hacía poco que muriera el anciano párroco
de las Artámilas y éste era nuevo en la Parroquia,
desconocido aún para él. Era muy joven, pálido y
llevaba lentes con montura de metal. No estaba
lejano el día que saliera del Seminario. Mirándole,
Juan Medinao experimentó una sensación parecida
a la que le invadía antes de comerse una cría de
perdiz. Un regodeo mezquino le reconfortó.

Se acercó a ellos, y tendió la mano al viejo bo-
rracho que le ayudó a venir al mundo. Estaba ya
hecho una piltrafa humana, con los labios colgan-
tes y amoratados. El maletín del instrumental es-
taba reblandecido por la lluvia.

El sacerdote no esperó su ayuda y saltaba ya
al suelo. El borde de la sotana estaba manchado
por el barro y el agua. Tenía además grandes gote-
rones de cera en el pecho y las mangas. Con gesto
tímido, empujó el puente de sus gafas hacia la fren-
te, y sus labios temblaron levemente. Se esforzaba
en aparecer duro, comprensivo, hombre. Juan Medi-
nao se acercó a él, suavemente, y le tocó la manga.

—Padre —le dijo—, ¿quiere confesarme? Sólo
puedo comulgar una o dos veces al año. Aquí,
Padre, ya ve cómo vivimos. Hemos de hacer ocho
kilómetros hasta la Parroquia, para oir misa y co-
mulgar. Y, ciertamente, ya no soy joven ni mi
salud es buena.

V

Entraron en casa de los Juanes. El doctor se
sentó junto al fuego con una botella en la
mano. Los perros empezaron a ladrarle afectuosa-
mente, rodeándole. En la mesa había servido un
almuerzo pesado y abundante. Sólo con mirarlo,
el curita se ruborizó, seguro de no poder probar
bocado.

Cuando acabaron, Juan condujo al sacerdote a
una estancia apartada donde había una cruz de
madera en la pared. El curita se sentó en una silla,
mirando hacia la ventana, con la estola al cuello
y las manos cruzadas. Juan Medinao se arrodilló
a sus pies, y, sin preámbulo, sin santiguarse si-
quiera, dijo con su voz más dura:

—Soy un hombre soberbio. La soberbia me
envenena, y aunque procuro combatirla y humillar
mi corazón, ¡cuántas veces me ha dominado en
la vida!

Muchas veces, era cierto. A los diez años tuvo
por primera vez conciencia de ello.

Tras el entierro de la madre, Juan Padre le había sacado de Artámila para encerrarlo en un colegio, muy lejos de allí. La presencia de Juan Niño le arañaba la conciencia. Los primeros accesos de arrepentimiento se trocaron, poco a poco, en un disgusto agrio, cada vez que tropezaba su mirada con la menuda figura de Juan Niño. Juan Padre tenía demasiada salud para que el arrepentimiento le torturara durante muchos meses. La presencia del hijo se hacía tan desagradable como el aroma a espliego, que también recordaba las ropas de la mujer muerta. Una mañana cogió al niño y lo llevó al colegio. Cabalgaron hasta un pueblo hermoso, y allí un carruaje verde les condujo hasta la población más grande que pudiera imaginar Juan Niño. Acostumbrado a sus montañas, el pequeño tropezaba con el borde de las aceras, mirando las casas y los escaparates.

También el colegio estaba en el campo, en las afueras de la población. Pero aquellas colinas eran dulces, tan distintas a sus rocas y sus bosques de la Artámila. Juan Niño, al despedirse del padre, con su pequeña maleta en la mano, se sintió dominado por una desconocida melancolía.

Cinco años transcurrieron allí. En aquel tiempo no tuvo ningún amigo, igual que en la aldea. También allí él era distinto a todos, y hubo de perdonar las mismas burlas que a los hijos de los campesinos. Era torpe, lento, sin gracia. No se ganaba el afecto de los maestros ni el de los muchachos. En el recreo, se sentaba solitario en un banco y veía jugar a los demás, sin amargura ni alegría. En realidad, se sabía tan diferente, tan distante, que ya ni siquiera las bromas a propósito de su cabeza lograban afectarle. Él era una criatura especial, que rezaba a Dios para que lo apartara pronto de los hombres, con los que no le unía ningún lazo. Ya era soberbio entonces, pero no lo sabía. Únicamente, a veces, en la iglesia, se sentía bañado de lágrimas inesperadas, sin saber concretamente por qué. El maestro de Religión no conseguía hacerle aprender el Catecismo y solía castigarle de rodillas, por impío. Durante las vacaciones del verano, iba a la Artámila. Pero permanecía también recluido en la casa, jugando en el granero con cajitas de cerillas, cuentas de cristal, estampas y rosarios. Armó un pequeño altar con pedacitos de velo, y enterraba a los pájaros muertos. Se mantenía tan distante de los hijos de los jornaleros y del padre, como de los condiscípulos y de los maestros. En aquellos cinco años, no recordaba haber visto nunca a su hermano. A veces, no obstante, se acordaba de él, y lo apartaba de su memoria con un raro malestar, como si prefiriese ignorar su existencia. «Tal vez ha muerto», pensaba a menudo, con un raro alivio. En una ocasión, Juan Padre le trajo un caballo de cartón. Se le rompió una oreja, y el agujero negro le producía un raro terror. Lo escondió en el granero, y no jugaba nunca con él. Él quería ser Santo, como otros niños quieren ser aviadores o toreros.

Unas vacaciones, cumplidos ya los diez años, encontró en la casa a Juan Padre, medio imposibilitado. Se había caído del caballo. Aparecía malhumorado y entablillado, con la pierna estirada sobre un banco y el brazo en cabestrillo. Tenía a mano una jarra de vino que le ayudaba a pasar el tiempo más agradablemente, y atronaba la casa con sus gritos y blasfemias. Como estaba aburrido, experimentó un súbito interés por los progresos de Juan Niño en el colegio, y pudo darse cuenta de que su hijo, a los diez años, apenas si sabía sumar y leer. Juró, le amenazó con el puño y al fin dijo:

—Siempre serás un cazurro campesino. No sé de qué va a servirte esa cabeza grande, ni qué habrá dentro. Bueno, lo mejor es que no vuelvas a ese colegio caro y malo. Si al fin y al cabo has de quedarte con todo esto un día, ya estás lo bastante crecido para quedarte aquí y empezar a conocerlo. Aunque tampoco eres fuerte.

Se quedó pensativo un instante, y al fin dijo, como si no le fuera posible contener las palabras que más deseaba callar:

—¡Si hubieras visto el otro día a Pablo Zácaro! ¡Qué crío del demonio, parece que lleve un sabio en la barriga! Tiene más picardía que siete viejos, y sólo con cinco años..., creo. Juan, hijo, ¿cómo no te da vergüenza saber que un mocoso, la mi-

tad que tú, sabe leer y contar de corrido, cuando
ni siquiera ha podido ir a la escuela, y tal vez,
quizá, no pueda ir nunca?

Algo frío se apoderó del corazón de Juan Niño.
Pablo Zácaro no podía ser otro que el hijo de Sa-
lomé. En las palabras de Juan Padre había un or-
gullo incontenible, ocultándose como un ladrón.
Juan padre no había reconocido aquel hijo, aunque
todos supieran que el pequeño Zácaro era suyo.

Aquella noche, Juan Niño no pudo dormir. Un
dolor nuevo y violento le consumía. «Entonces, no
ha muerto. Está vivo. Existe. Existe ahora mismo,
en este momento está viviendo como yo». El her-
mano. Otro con su sangre, con sangre idéntica, vi-
viendo debajo del mismo cielo. Otro que quizá
fuera un elegido de Dios. Se mordió el puño. Un
extraño desasosiego le mantenía en vela. Que Juan
Padre le hubiera alabado, que le viera y conociera
sus pasos, no tenía importancia comparado con el
supuesto de que el pequeño Zácaro pudiera com-
partir a Dios con él. Esta idea se hacía insoporta-
ble, horrible. Hasta que no había sentido la proxi-
midad del hermano, no se dio cuenta de que Dios
también existía para los otros. Otra vez, le torturó
pensar que Pablo acaso se le parecería. Pero ahora
no deseaba ya que nadie se le pareciese, sino que
estaba a punto de rezar para que Pablo Zácaro fue-
se pecador y terreno como Juan Padre, como Salo-
mé, como todos. Muy lejos de él. Entonces sí que

tuvo conciencia de su soberbia. Pero no la podía apagar, no podía. ¡La había fomentado tanto durante aquellos años de soledad!

Comprendió que no podía vivir sin verlo. Tenía que conocerle, tocar sus manos y su rostro, oír su voz y mirar sus ojos. Cuando volvió el sol, Juan Niño salió al campo en su busca. La gente estaba aventando la paja. Fue hacia la era donde les correspondía trabajar a los Zácaros. Soplaba un viento caliente, y Juan Niño trepó a la colina despacio, para que no le advirtieran demasiado pronto.

La era resplandecía como un ascua. Las pajas volaban en enjambres centelleantes. Salomé estaba cribando el trigo, con los brazos morenos y desnudos brillando al sol. Hablaba a gritos con su hermana, y reía. Había varios niños en la era, que jugaban con el perro o aventaban con sus pequeños tridentes de madera. El pecho de Juan Niño se había llenado de fuego y golpes de yunque, que hacían daño. Entonces, uno de los niños más crecidos lo advirtió, y con una risa furtiva lo señaló a los demás. A poco, ya brotaba la cancioncilla burlona: «Cabezón, cabezota, pobre cabezón...» Los de la era ocultaban apenas su risa y fingían no darse cuenta. Juan Niño continuaba inmóvil, mirándoles. El perro empezó a ladrarle también. Viendo su impasibilidad, la canción de los chiquillos se hacía más viva. Iban agrupándose, contagiándose uno a otro, y lentamente se le acercaban. El último en añadirse, fue el más pequeño. Un chico moreno y vivo, que sin decir nada se inclinó. Cogió una piedra y se la arrojó acompañando el gesto de una risa primitiva, extrañamente cruel. Parecía que ya supiera que atacaba al hijo del amo. Entonces, una voz de mujer gritó violentamente: «¡Pablo! ¡Ven acá tú, maldito...!» Era Salomé. El niño de la piedra se metió las manos en los bolsillos y le miró sonriente, con ingenuo desafío. Juan Niño le clavó los ojos, le hundió la mirada en la carne, como una espada. El niño era alto para su edad, fuerte, con mechones de pelo negro y brillante, cayéndole sobre los ojos. Sus dientecillos, muy blancos y afilados, brillaban. Tenía mucho de lobezno.

Juan Niño retrocedió lentamente, con la cabeza baja. Ya estaba preso allí. Preso allí para siempre, junto a aquel cachorro de hombre, con su amor y temor hacia él. Ya le había amado y odiado, confusamente, cuando nació, aquella madrugada, tendido en aquella misma era. Rotundamente, cambiaron los sentimientos que hasta aquel momento le mantenían distante. Se dio cuenta de que él estaba muy cerca de los hombres, más cerca de los hombres que de nada ni nadie. Tan próximo a la tierra como el agua. No volvería más al colegio. Se quedaría allí, junto al hermano. Su soberbia se humanizó, se le hizo sangre. Tenía que vencer a Pablo Zácaro. Tenía que poder a Pablo Zácaro.

El perro le seguía a distancia, ladrándole.

VI

Y soy un miserable avaro.

Digno nieto de usurero. Pero de aquello había
tenido la culpa Juan Padre, con su excesiva prodi-
galidad. Juan Niño empezó a observar detenida-
mente a aquel hombre, la temporada que permane-
ció retenido en casa por culpa del accidente. No
podía soportar la obligada inmovilidad a que estaba
reducido, y para distraerla inventaba cosas absur-
das que indignaban el espíritu quieto y cerrado de
Juan Niño. Él, que amaba la quietud y el sigilo,
el silencio, había de soportar el cortejo de gritos
y violencia de que se rodeaba el hombre.

Un día, Juan Padre mandó que le instalasen
su sillón en el balcón grande que se abría al patio
de la casa. Y dio orden de que allá abajo, sobre las
losas doradas, se sirviera vino sin tasa a todos los
jornaleros cuando regresaran del campo. Él mismo
presidiría la fiesta, con su jarro en la mano, desde el
balcón. No podía pasarse sin la proximidad de los
seres humanos, aunque se tratase de las groseras
fiestas de sus criados. Era a últimos de septiembre,

y los hombres que volvían de la siembra se embo-
rracharon concienzudamente en el patio, en torno
a una gran hoguera, y presididos desde lo alto por
el amo, que cantaba desde el balcón, con voz des-
templada. Las losas se llenaron de cascotes verdes
y vino vertido, que brillaba rojamente a la luz del
fuego. Ya empezaba a hacer frío, pero todos suda-
ban como en pleno verano. Los hombres se apoya-
ban contra las columnas o roncaban en el suelo,
cuando el cielo empezó a hacerse diáfano. Desde
la ventana de su cuarto, Juan Niño les miraba y se
decía: «Cuando trabajen para mí, les dominaré por
el silencio y el orden. Yo no seré generoso, porque
no es bueno, y racionaré sus vidas». Como todo
en el padre era excesivo, grande, violento, en con-
traposición a él Juan Niño se volvía mezquino, ava-
ro, pequeño. El padre ahogaba con su despilfarro y
él dominaría con los puños cerrados, estrechando.

—«Si la vida nos la regalan, nosotros podemos
tirarla por el balcón y regalarla también, si nos da
la gana» —decía Juan Padre—. Y, del mismo modo
que Juan Padre era la réplica viviente y rebelde
de Juan Abuelo, Juan Niño lo fue también de su
padre. Mirando a los borrachos del patio y obser-
vando el descaro con que se permitían bromas con-
tra el amo, que fingía no oír o tal vez no entendía,
Juan Niño pensaba: «Cuando mande en ellos no
hablarán, y cada cosa estará en su lugar, en paz
y en orden». Inmediatamente, pensaba en Pablo

Zácaro, en el tiempo en que el niño trabajaría para él. Y la sangre le ardía.

Observaba a su hermano de lejos, como un espía, amparándose en la sombra y en los árboles. Le veía niño, vivo, y —también como Juan Padre— extrañamente generoso en aquella tierra de miserables. Partía su pan con los perros, y lo hacía con un gesto lógico y justo, impropio de su edad. Sólo una vez o dos le había oído hablar, y se dio cuenta de que tenía una voz clara y que usaba palabras concisas, tajantes, sin las habituales exclamaciones quejosas o coléricas, propias de la tierra, ni la salvaje huraña de los otros niños de Artámila. Las facciones de Pablo recordaban las de Salomé. Pero había algo en su menuda persona, en su modo de pisar el suelo, que hacía pensar: «No se parece a nadie». Su andar era firme e iba a menudo con las manos en los bolsillos, sin demasiada prisa, como un hombrecito. Era de esos niños que, siendo ellos mismos indiferentes al afecto ajeno, se ganan la simpatía de los hombres y las mujeres. Sin poner nada de su parte, ni tan sólo una sonrisa. Entre las campesinas que trabajaban con Salomé, la figurita del pequeño Zácaro se movía en una aureola de áspero amor, de benevolencia hacia sus travesuras. Juan Niño no podía explicarse. También los perros le seguían, y raramente otro niño le pegaba. No obstante, Pablo no era amigo de afectuosidades, y en alguna ocasión le vio rechazar un beso de Salomé. Como los animales salvajes, no se dejaba acariciar, ni tan sólo tocar.

Un día, estando Juan Padre en el patio de la casa, vieron pasar tras la empalizada al pequeño Zácaro. Iba en dirección al río, con dos crías de mastín debajo de los brazos. Juan Padre ya empezaba a andar, apoyado en una muleta. Al verlo, se precipitó lo más rápidamente posible hacia la puerta. Juan Niño le seguía, pegado a su sombra. Cuando ya el pequeño Zácaro se iba a perder tras la esquina, Juan Padre le llamó:

—¡Zácaro!

El niño se volvió, pero no avanzó a ellos. Juan Padre le contemplaba, con aquella mirada risueña y centelleante que a veces le encendía el rostro. Parecía que acababa de hacer un gran esfuerzo, como si realmente no hubiera querido llamarle, pero no hubiera podido contenerse. Ahora no sabía qué decirle. Pablo se volvió de nuevo, para continuar su camino. Pero otra vez la voz del padre no pudo callar, y le llamó:

—Ven acá —dijo. El pequeño obedeció, sin timidez.

—¿Qué clase de bichos son ésos? —dijo Juan Padre. Sin hablar Pablo le tendió una de las dos crías, y el hombre la cogió. Juan Niño observó que el rostro de su padre estaba rojo, y no sabía qué hacer con el perro en las manos.

—¿A dónde los llevas?

—Al río —dijo Pablo.

—Pues mira..., éste te lo compro, ¿oyes, chico?, ¡va a ser el mastín más bonito de Artámila, y tú lo vas a ahogar! No, no: yo me lo quedo.

—Es feo —dijo entonces Pablo, con aplomo—. Y se va a morir sin la madre.

—¡Cállate! —dijo violentamente Juan Padre—. ¿Qué sabrás tú, mocoso del infierno? Cuando yo quiero comprarlo, sabré lo que hago. ¿Quieres un duro por él?

Pablo lo miró fijamente, sin responder. Apresuradamente, Juan Padre sacó de sus bolsillos una moneda de plata y se la dio. Con el cachorro bajo el brazo, volvió hacia la casa, entrando en ella. Pablo contempló la moneda, que brillaba en la palma de su mano, y luego la mordió con sus dientecillos lobunos, como había visto hacer a su madre los días que llegaba el quincallero a la aldea. Juan Niño no había tenido nunca a su hermano tan cerca. Las manos de Pablo eran grandes, duras, y la piel de un moreno bronco, como Salomé. Unos brochazos negroazulados le caían sobre las cejas y tenía la nariz breve, con aletas anchas y vibrantes de animal cazador. Echó a andar de nuevo, y Juan Niño le siguió con una confusa admiración y rencor. Jamás a él le había dado dinero Juan Padre.

Hacía frío ya, se acercaba el invierno, pero Pablo Zácaro sólo llevaba una camisa rota y un pantalón azul. No parecía tener frío, sin embargo. Juan

Niño se fijó en los codos y en las rodillas de su hermano, que eran de un color rojo de manzana. Él, en cambio, estaba temblando dentro de su chaqueta de cuero. ¿Cómo la piel de Pablo brillaba y relucía su pelo negro, si pasaba el día en la tierra, que todo lo mancha? ¡Qué terso y duro era, qué sensación de árbol limpio emanaba! Él, por el contrario, siempre aparecía débil y sucio, con la nariz llena de mocos. Bruscamente, apretó el andar y le cogió por un brazo.

—Eh, tú, ladrón... —dijo. Su voz sonó honda, trémula. Aquella voz que años más tarde desconcertaría a Dingo, el titiritero. Pablo le miró entonces, y Juan vio de lleno sus ojos. Tenía pupilas grandes, esféricas y transparentes, como granos de uva negra. La luz se volvía ardiente vino, allí dentro. No, no eran ojos de niño. La voz de Juan Niño se murió en su garganta.

—No soy ladrón —dijo Pablo, desasiéndose de su mano, con un gesto rápido. No estaba enfadado ni temeroso. Qué rara serenidad había en aquella criatura. Y su voz era como sus pasos, con la pura rectitud de una flecha o una espiga.

—Sí, eres un ladrón, porque el perro se va a morir, y tú te has guardado el dinero.

—¡Pues toma! —dijo Pablo. Y le devolvió el duro. Antes de que Juan Niño tuviera tiempo de decir nada, ya bajaba hacia el río, con el otro cachorro bajo el brazo.

Había llovido la noche anterior y el agua venía rojiza, saltando sobre las piedras con un sordo rumor. Juan Niño se apoyó contra el tronco de un árbol, apretando la moneda de plata en la mano. Quemaba como si fuera a derretírsele dentro del puño. Tenía un nudo en la garganta y unas horribles, unas dolorosas ganas de llorar, le clavaban agujas en el cuello. En tanto, Pablo, indiferente a la tormenta de su pecho, cogió el cachorro por las patas traseras y le golpeó fuertemente la cabeza con una piedra. Se oyó un débil gritito, y las mejillas del pequeño Zácaro se motearon de rojo. Se limpió la sangre de la cara con el brazo y lanzó al agua la cría de mastín. Esperó con las manos en los bolsillos a que desapareciera río abajo, en la corriente crecida. Luego, rápidamente, emprendió el ascenso al bosque, que brotaba allí en la ladera, inundado de hojas amarillas.

Estaba deshojándose el otoño entre los troncos negros; la silueta del pequeño tenía un algo indómito, vivo. Juan Niño lo seguía aún, tozudamente, sin saber lo que quería de él.

Llegaron entonces a la cabaña del guardabosques. Aquel terreno pertenecía también a los Juanes. A la puerta de la casita, sentado en el suelo, estaba un muchacho de unos catorce años, con un gato en las rodillas. Un gato rojo, con rayas en el lomo.

A unos pasos de él, Pablo le llamó:

—¡Dingo!

El chico levantó la cabeza.

—Fui a ahogar las crías y el amo me compró una: pero éste dice que se va a morir en seguida ese perrito, y se ha quedado el dinero para él.

Dio media vuelta y emprendió el regreso a la aldea, con las manos en los bolsillos.

Juan Niño, encogiéndose, pensó: «Así que los cachorros eran de este otro, que le había mandado ahogarlos».

Dingo se puso de pie, sin dejar de acariciar el gato; y le miraba. Juan Niño empezó a retroceder de espaldas. Dingo tenía lo menos cuatro años más que él, era un grandullón. Tuvo miedo, como siempre que presentía golpes. Cuando el padre le azotaba, ya mucho antes de recibir el primer azote temblaba como una hoja.

—Conque te has guardado tú el dinero —decía Dingo, achicando los ojos. (Ya entonces era teatral. Todos los chiquillos de Artámila vivían fascinados por el efecto de su mímica, por los matices cambiantes de su voz y sus payasadas.)

—No lo valía el perro..., no lo valía... —decía Juan, temblando de miedo. Rápidamente, Dingo le empujó y Juan Niño cayó al suelo, con la espalda pegada a la alfombra de hojas muertas que cubría la tierra del bosque. Bajo su barbilla, los grandes puños de Dingo le habían cogido las solapas y le zarandeaban.

—No valía, no valía... —remedó su voz—. Bueno, ¿y qué? ¿A ti qué te va en eso? ¿Quién eres tú para guardarte el dinero?...

De pronto, la expresión de Dingo cambió. Sus manos se aflojaron y las dejó caer suavemente. El gato rayado y rubio se le había subido a un hombro, y se frotaba contra su cabeza. Dingo miraba fijamente a Juan Niño, con un raro estupor:

—Oye, tú... —empezó a decir, con una voz muy distinta—. Tú, ¿acaso eres el hijo del amo?

Juan asintió, débilmente. Ahora, le pegaría. Le pegaría más fuerte aún, o le escupiría en la cara. ¡Cómo le odiaban todos los niños de la aldea!

Pero esta vez se equivocó. Dingo le ayudaba a ponerse en pie y le sacudía las hojas de la espalda. Tenía aún el cabello lleno de ramitas, y sus labios temblaban. Dingo se dio cuenta y dijo:

—Anda, tú. ¡No vas a ponerte a llorar! ¡No ves que yo no te conocía casi! ¡Como nunca bajas a la plaza ni vas al campo..., y yo siempre ando por el bosque!

Juan Niño se llevó una mano a la mejilla, para secarse una lágrima.

Pero Dingo no sabría nunca por qué lloraba. Juan Niño miraba al hijo del guardabosque. Lo miraba largamente, con la cabeza levantada, porque apenas le llegaba más alto de la cintura.

—Toma, es tuyo —dijo al fin, poniendo el duro de plata en la mano de Dingo. Luego le volvió la espalda y se hundió entre los árboles, sendero abajo, hacia la casa de los Juanes.

Dingo le vio desaparecer, un tanto sorprendido. Luego, mordió la moneda, igual que Pablo y Salomé. No cabía duda: era buena.

En tanto, Juan Niño había llegado a la casa. Subió a su habitación y se cerró en ella, como si alguien le persiguiera. Las paredes eran muy blancas y estaban desnudas, con sólo una cruz negra sobre la cama. El viento agitaba la cortina, y, también en la ladera del Noroeste, los troncos de los chopos se doblaban. Nunca había sentido tanto frío allí dentro, ni siquiera durante las noches del invierno. Nunca le había parecido tan desnuda la habitación, tan despojada. Sí, era avaro, muy avaro, porque no tenía nada. Se miró las palmas de las manos. Un extremo de la bufanda le caía hasta la cintura, desflecado y mustio. Oyó un ladrido y se asomó a la ventana. El mozo del establo jugaba con uno de los perros, en el patio. A él, ni tan sólo los perros le querían. Ni siquiera tenía un gato rubio que se le subiera al hombro, como Dingo, el del bosque. ¿Por qué no le habría pegado Dingo? ¿Por qué no se había burlado de su figura enfermiza y torpe? No le dijo que era zambo, ni cabezota, ni baboso. No. No había dicho nada de aquello. Y le había sacudido las hojas muertas que se le pegaron a la chaqueta.

Con una furia extraña, Juan abrió el cuello de

su camisa. La medalla resaltaba allí, en su piel, de una palidez amarillenta, y la luz temblaba lívidamente sobre la pequeña cruz que había grabada en ella. Le pidió entonces a Dios que le ahorrase la espera. Le pidió poder dejar su cuerpo inútil en la tierra, muy dentro de la tierra, con todos sus gusanos y hormigas y sus flores. Pidió a Dios que le ahorrara crecer, ir creciendo, ir dejando espacios vacíos entre las cosas y él. Crecer, ir creciendo en sí mismo, ir quemando años como antorchas... Ya no le quedaba ningún rincón sin luz en la habitación. El sol, antes de ponerse, los cargaba de llamas. Estaba todo encendido, desesperadamente, con los cuatro ángulos de la habitación intensamente rojos. En el centro, Juan Medinao se sentía como un espejo de todo cuanto le rodeaba; veía cómo se reflejaba en él todo el derroche gratuito de la vida. El nieto del usurero quería ahorrarse también la pena de vivir.

En aquel momento, un silbido taladró el rumor del viento. Una gran hoja dorada volaba sobre el patio, dando vueltas. Creyó en un principio que era el silbido del pastor, pero el silbido se repetía, más cerca.

Dingo estaba allí abajo, subido a la empalizada, haciéndole señas de que bajara. ¡Había venido a buscarle! A buscarle...

Salió corriendo, como un loco. A los once años puede pasarse sin transición de la desesperación más negra a una alegría casi dolorosa. Dingo le llamaba. Dingo, que no se burló de él ni le había pegado.

Dingo le miraba con su expresión más mansa y marrullera. Sólo quería charlar un rato con él, decía, como la cosa más natural. No sabía que nadie, nadie, se molestaba en charlar un rato con Juan Niño. Se sentaron en el suelo, y Dingo hizo una demostración de las gracias de Perico, el gato rayado. Le había enseñado a saltar por un pequeño aro de mimbre, a bailar sobre las patas traseras, a jugar a la pelota, y, al fin, pasar con un platillo entre los dientes pidiendo una *perrina*. También le había hecho un cucurucho de papel, para la cabeza. «A los chicos de la aldea les cobro una perra gorda por ver esto», dejóse decir Dingo, al acabar. Juan Medinao inclinó la cabeza:

—Yo no tengo dinero.

—¡Anda! —repuso Dingo, con los ojos brillantes—. Bueno, pero tu padre sí tendrá, porque si no: ¿esto qué es? —Y sacó el duro del bolsillo, que brilló débilmente porque el sol casi se había puesto.

—Pero yo no tengo dinero, ahora... —repitió Juan Niño con desilusión.

—No, no... ¡Hombre, yo a ti no te voy a cobrar! —repuso Dingo, con gesto magnánimo.

Juan Niño creía soñar. ¿Cómo era posible que aquel chico grandullón le diera muestras de amistad? Entonces no lo comprendía. Las caretas de Dingo aún le eran desconocidas, a pesar de ser todavía de barro y caerse por la noche.

Las dos tardes siguientes, a la misma hora, Dingo volvió. No sólo trajo a Perico, sino también unos muñequitos diminutos, que hacía él mismo con nueces, pintándoles la cara con jugo de moras. Con unos hilos, les hacía saltar, bailar y hasta pelearse unos con otros. Toda aquella gentecilla le asomaba por los bolsillos de la chaqueta, como en un balcón. Dingo olía a serrín y a madera verde. La admiración de Juan Niño crecía como un río desbordado.

De pronto, apareció el guardabosque y lo cogió por una oreja. Iba buscándole, y dijo que Dingo era un gandul maldito, que a aquella hora debía estar cavando el huerto que había detrás de la cabaña.

—¡Todos los días igual! —gritaba arrastrándole fuera de allí—. ¿Te creerás, a lo mejor, que vas a estar comiendo siempre la sopa boba? Ya te enseñaré yo a entrar en razón... ¡Tú te has creído que la vida es Jauja!

Se fue diciéndole más cosas, llamándole maldito holgazán. Estaba furioso de verdad. Dingo levantaba los dos brazos sobre su cabeza y el hombre le iba dando con el bastón. Por el camino, los muñecos se iban quedando perdidos, caídos, y Juan Niño los recogía como si fueran tesoros. Cuando llegaron a la cabaña del bosque, allí junto al huerto que no había querido cavar Dingo, el guardabosque se quitó el cinturón y azotó a su hijo. Cada golpe parecía repercutir en la espalda de Juan Niño.

Cuando el guardabosque se fue, Juan Niño se acercó y se sentó al lado de su amigo. El gato, que había huido cuando empezaron los golpes, volvía ahora, maullando hipócritamente. Dingo, echado boca abajo sobre las hojas muertas, con la cara escondida entre los brazos, temblaba levemente, pero no se quejaba. Los golpes le habían rasgado la camisa.

—Siempre lo hace —dijo al cabo de un rato—. Quiere que trabaje...

—A mí también me pega mi padre —dijo Juan Medinao— tan fuerte como a ti.

Dingo levantó la cabeza, sorprendido.

—¿También quiere que trabajes?...

—No... —Juan Niño quedó pensativo. No era por aquello. Era por si tenía miedo, o por si le fallaba la puntería cuando le enseñaba a disparar, allí fuera, en el patio. O porque, cuando le pedía que le contara alguna cosa, Juan Niño no sabía hablar. Y explicó: «Por otras cosas».

Bruscamente, Dingo se desabrochó la camisa y le enseñó la espalda. Juan conocía bien aquellas cintas rojas que se hinchaban lentamente y escocían como fuego. A su vez, Juan Niño le enseñó una cicatriz que tenía en la mejilla.

—Es de la hebilla del cinturón —dijo.

—Y cuando estabas en el colegio, ¿te pegaban los frailes?

—Sí, también. Pero en la cara, y con la mano.

—¡Ah, bah!... ¡Como las mujeres!

Los labios de Dingo estaban secos, pálidos. Se puso la chaqueta, con mucho cuidado. Había en sus ojos aquella súplica dolorida, aquella mansa queja del que está acostumbrado a los golpes.

—¡Malditos sean! —dijo—. ¿Por qué, por qué no le dejan a uno vivir en paz?

—Mira, Dingo: he ido recogiendo los muñecos, por el camino.

Sentados en el suelo, en lugar de ir a cavar, empezaron a componer las cabecitas y las piernas de los muñecos de nuez. Estaban en silencio, enfrascados en su tarea, cuando de pronto un raro rumor que traía el viento, hizo levantar la cabeza a Dingo, vivamente. Parecía un perro que olfatea la caza.

—¡Mira allí, allí, Juan Medinao! —gritó. Se puso de pie y echó a correr como un loco.

Allá, en lo alto de la colina, había aparecido un carro de comediantes. Descendía lentamente por el sendero.

—¡Corre, Juan Medinao! ¡Corre, que vienen los gitanos!

Iban hacia la plaza corriendo, y se olvidaban de todos los golpes y de los muñecos. Perico, con el lomo arqueado, se subió al antepecho de la ventana.

Forzosamente, con el sendero, el carro iría a desembocar en la plaza. Cuando llegaron a ella Juan y Dingo, los niños de la aldea había descubierto la llegada de los titiriteros. Zumbaban en un grupo, como abejas. El pequeño Zácaro estaba distante, con las manos en los bolsillos, y en lugar de mirar a la colina miraba a los niños. Juan Niño pensó: «Pablo Zácaro ha comprado ya su entrada y ha empezado ya a ver la función».

—Traerán perros sabios —explicaba Dingo, entusiasmado, a la chiquillería que escuchaba con la boca abierta. Al hablar de aquellos canes fabulosos, las proezas de Perico palidecían. Los hombros y la cabeza de Dingo sobresalían en el grupo. El huerto sin cavar estaba ya definitivamente olvidado. Los otros chicos de la edad de Dingo hacía tiempo que ayudaban a sus padres en las faenas del campo.

El carro estaba ya entrando. En el pescante, vieron a un hombre con grandes bigotes negros, de cara malhumorada, y un muchacho. Los niños corrieron hacia él, dando gritos, y entonces el hombre, con una voz de trueno, dijo:

—¡Fuera! ¡Fuera!

Pedía paso, porque no tenía intención de quedarse en la Baja Artámila. Iban a atravesar la aldea, a dejarla atrás con sus niños huidizos e impacientes. Pero los niños no entendían, y se quedaban quietos, en grupo, entorpeciendo su marcha.

Entonces, el hombre lanzó el látigo sobre sus cabezas y los dispersó.

Con voz plañidera y desilusionada, aún le gritaba alguno: «¡Quédese! ¡Quédese!»

—Se van... —dijo Dingo.

Sus hombros tenían ahora un contorno vencido, de pueril desesperanza. Era como si los titiriteros se le llevaran la mitad de su vida. También los otros niños aparecían abatidos, con una amargura precoz y un tanto cansada. Pero ninguno miraba marchar el carro con los ojos de Dingo, aquellos ojos separados y suplicantes. El carro atravesó el corazón de la aldea, y continuó su camino hacia otra tierra más rica. Sólo Pablo Zácaro le contemplaba con la misma expresión de espectador desapasionado y reflexivo. Como todos callaban, podían oírse claramente los chirridos de las ruedas, alejándose.

—Se van —repetía Dingo. Y Juan Niño sonrió con melancolía. Él lo sabía muy bien: era como todo, como siempre. Se iban.

Los niños volvieron a desaparecer tras las esquinas, calladamente. Únicamente Juan Niño y Dingo seguían aún el carro, como si no se resignaran a verles marchar. Iban tras la nube amarillenta que levantaban las ruedas en el polvo.

Fuera ya de la aldea se detuvieron. Dingo se sentó al pie de un chopo solitario que había al borde del sendero. Era el último árbol de la Baja Artámila. Un viento frío les hacía encogerse dentro de las chaquetas. El carro, lejos ya, se confundía en la oscuridad de la tarde. Dingo dijo sombríamente:

—Me voy a marchar... Me voy a escapar de aquí y nunca volveré.

Dijo que se iría con un carro como aquél, por los pueblos, por todos los pueblos del mundo. Oyéndole, Juan Medinao sonrió de nuevo, con tristeza. También sabía aquello. Sabía que, forzosamente, Dingo se iría un día u otro de su lado. De pronto, Dingo le señaló con el dedo:

—¡Y tú también, Juan Medinao! —dijo—. Nos iremos los dos juntos, ¿sabes? ¡Que se queden aquí ellos, pegando al viento con el cinturón!

Se levantó, y despacio volvieron a la aldea. Dingo le pasaba el brazo por los hombros, e iba haciendo proyectos, sin dejar de hablar un solo momento. A veces, se detenía para dar confidencia al tono de su voz.

—¿Ves esto? —dijo sacando el duro de plata de su bolsillo—. Pues será el principio de todo lo que ahorremos tú y yo.

Tenían que reunir mucho dinero, entre los dos. Monedas de plata. Juan Padre siempre llevaba monedas de plata en los bolsillos. Se despidieron con un fuerte apretón de manos. Aquella noche, a Juan Niño le pareció que había crecido.

Con toda solemnidad enterraron el primer duro al pie del chopo del sendero, en espera de re-

unir la cantidad suficiente. Dingo dijo que tenían
que comprar un carro, provisiones y pintura. Peri-
co también parecía estar en el secreto. A veces,
cuando les veía reunidos y hablando misteriosa-
mente, arqueaba el lomo y rugía como un tigre.
También era él de la partida, y, en su nombre, en-
terraron un montón de calderilla, fruto de sus últi-
mas exhibiciones.

Todas las tardes, Juan Padre iba a echar la
siesta. Entonces, era el momento de ir a revisar
la chaqueta, que dejaba en el perchero. Era fácil
oírle llegar, porque andaba con la muleta, y se oía
su golpe en los mosaicos del suelo. Se reunían lue-
go, al anochecer, y procuraban que nadie les viera
tomar el camino grande, hacia el chopo.

Pasó cerca de un mes. Un día, Juan Padre le
sorprendió. Acababa de abandonar la muleta, y no
le oyó llegar.

Primero no se enfadó demasiado. Le llamó la-
drón y cobarde. Pero más enfadado le veía cuando
erraba la puntería en el patio. Sin embargo, al pre-
guntarle en qué gastaba aquel dinero, Juan Niño
no respondió. El Padre se enfureció como nunca.
Le pegó fuerte, en la cara, y, al fin, lo arrastró
de un brazo hasta el establo.

En el patio, Dingo esperaba apretado contra
una columna. Al pasar, tuvo la visión de sus ojos
suplicantes: «No, no hablaré», pensó Juan Niño.
Y no lo dijo.

Le pegó más de diez azotes, con una correa; Juan Niño apretaba los dientes. Sabía que allí fuera estaba Dingo, oyéndolo todo. Un orgullo doloroso, rebelde, le reconfortaba como vino, cuando los golpes cesaron y el padre lo dejó tendido sobre la paja. Desahogada su furia, Juan Padre le contempló y tuvo lástima: «No es fuerte», se dijo. «Cualquier cosa podría deshacerlo». La espalda del niño, flaca y amarillenta, se estremecía como. un pájaro moribundo. Las marcas de la correa empezaban a inflamarse. «¡Ah, ya sé», pensó Juan Padre, con súbita claridad. No podía soportar los anigmas, acababa de descifrar la extraña conducta de su hijo. «Es un maldito avaro, como su abuelo. Seguramente va robándome porque no se atreve a pedir dinero, y lo guarda y amontona en una viga hueca... ¡Lo mismo que hacía su abuelo, el condenado!» Salió de allí con una rara mezcla de piedad y desprecio hacia la criatura, y con el sordo rencor que le invadía cada vez que se acordaba de su padre.

Apenas lo vio marchar, Dingo saltó por la ventana del establo, y se arrodilló junto a Juan Niño. Traía ya su pañuelo mojado y lo extendió sobre la espalda de su amigo.

—No te apures. Cuando nos vayamos, esto se acabó. No nos pondrá nadie la mano encima. Veremos el mar, y Madrid, y compraremos cinco perros que aprenderán a bailar...

Era en estas ocasiones cuando Juan Niño cerraba los ojos y le escuchaba hablar de huidas. Secretamente, siempre lo creyó un imposible. Pero era tan hermoso oír a Dingo, el mentiroso, hablar de aquel continuo huir, huir, huir... Dingo no fijaba jamás su residencia, en medio de sus fantásticos proyectos.

Desde aquel día, Juan Padre le asignó una pequeña cantidad semanal, que íntegramente pasaba a engrosar los ahorros debajo del chopo. Le entró entonces una fiebre extraña por reunir monedas de plata. A veces, por la noche, estuvo tentado de salir al sendero, y allí levantar la piedra que cubría su tesoro y poderlo tocar, contemplar a la luz de la luna. En realidad, la huida no le interesaba a él del mismo modo que a Dingo. Lo que deseaba era su amistad, los proyectos de su fantasía absurda, la confianza de sus secretos. Tenerlo allí o fuera de allí, le era indiferente. Había de sentir próximas sus caretas, sus mentiras, que le subían a la cabeza como vino y le adormecían para todo lo demás.

Había pasado un año. Hasta que una noche llegaron unos comediantes, en un carro espléndido.

Era el mes de agosto, cuando las faenas del campo son más duras. Una luna redonda iluminaba la plaza. Los campesinos regresaban rendidos, y todos creyeron que el carro pasaría de largo. Era quizás el carro más hermoso que había llegado a las Artámilas.

Dingo y Juan Niño están apoyados contra la

pared de una barraca, con las manos en los bolsi-
llos. Sus sombras se alargaban hacia la tierra en-
cendida de la plaza, que aparecía desierta. Veían
acercarse el carro, con sus ventanitas amarillas por
una temblorosa luz.

Se detuvo en medio de la plaza. Dingo, al ver
que no pasaba de largo, extendió una mano, que se
le quedó inmóvil y abierta como un abanico. Casi
se hubieran podido contar en la atmósfera los lati-
dos de su corazón. El carro tenía tres caballos y era
grande como una casa. Su puerta pintarrajeada se
abrió, y unas manos tendieron al suelo una escale-
ra. Había luz dentro del carro, luz de velas, como
en un palacio de juguete o de cuento. Un hombre
salió entonces. Era gordo y grande, con una casaca
verde y una trompeta en la mano. Inmediatamente,
empezaron a saltar del carro niños y perros. Lo me-
nos ocho niños, que daban volteretas en el suelo y
saludaban con los brazos abiertos. Tal vez vestían
harapos: pero eran unos harapos de colores, unos
jirones de tela que sabían flotar al compás de sus
movimientos, como música de trompetas.

Los ojos de Dingo huían, huían como el agua
de las fuentes. Avanzó hacia ellos, y quedó en me-
dio de sus piruetas y su música mirando al hombre
con la boca abierta. En su hombro, Perico pare-
cía tan emocionado como él.

La «troupe» había organizado rápidamente su
zarabanda. Empezaron a pegar carteles sobre los

árboles y las barracas. Unos carteles que no podían
leer ellos, por culpa de su impaciencia. Que nunca
sabrían lo que anunciaban ni lo que querían decir.

Entonces Dingo se revolvió en la tierra, como
un toro herido. Sus pies callosos y descalzos levan-
taban nubecillas rojas del suelo de la plaza. Tenía
también los brazos abiertos, y Perico le descendía
espalda abajo, como en un número de circo. Juan
Niño no lo olvidaría nunca: la luz que surgía del
carro abierto le partía en dos colores, como un ex-
traño arlequín, un arlequín hecho de barro y sangre.

—¡Se quedan, Juan Medinao, se quedan! —le
decía.

Era un milagro. Era como uno de aquellos mila-
gros de Dingo, una de aquellas mentiras de Dingo.
Los niños pasaban en hilera por entre las barracas,
anunciando la función. El último era uno pequeño
y deforme, que tocaba monótonamente el tambor.
Sus voces, que cantaban una marcha rítmica, se
perdieron en las esquinas con un eco difuso, fan-
tasmal. Juan Medinao experimentó un miedo inex-
plicable y echó a correr hacia su casa. ¿Por qué no
se alegraba? ¿Por qué le entraba por los poros
un temor impreciso, como un sudor frío? Dingo,
con los ojos en las sienes y partido por la luz, se
le antojaba un muñeco diabólico. Y de pronto re-
cordó que había robado, que había estado robando
a su padre, justamente en vísperas de ir a la Artá-
mila Central para recibir su primera comunión y

oír las campanas. Juan Padre ya no estaba en la casa. En cuanto se halló completamente restablecido del accidente, volvía a abandonarla largas temporadas.

Juan Medinao se asomó a la ventana. También la luna doraba el campo del Noroeste, y le llegaba el clamor de los titiriteros y los ladridos de los perros. El estaba como los muertos, taladrado y sordo a la alegría, dejando que la luna le resbalara insensiblemente, con una angustia de niebla. Pero Dingo ya había ido a buscarle, y estaba silbando en el patio, como todas las tardes, como un niño cualquiera.

La función era en la plaza misma. Sólo acudieron los jóvenes, que podían resistir el cansancio y el sueño. Y niños de los que aún robaban nidos de golondrinas y fruta verde. Se sentaron en el suelo, formando un ancho corro en torno a los titiriteros.

El hombre de la casaca había clavado cuatro grandes antorchas, que iluminaban sus actuaciones. La función la componían los ocho niños, que se vestían en el carro y saltaban a la tierra roja para formar torres humanas, cantar coros con rumor de lluvia y dar vueltas de campana. El pequeño, de gesto idiota, acompañaba los números con un redoble de tambor, lejano como un eco, monótono y obsesionante. Debía ser sordomudo, pues paraba de tocar cuando el hombre le hacía señas. Los perros llevaban sombreros y golilla y el hombre grande un látigo amarillo, tan pequeño, que hacía sonreír. Pero aquel hombre de la casaca verde, con su peluca y su ancha risa, le pareció siniestro a Juan Niño. Le aterraron sus dientes, que le recordaban los desconchados que había en la pared del cementerio. Su carne era blanca, como enyesada. El no se contorsionaba sobre el suelo; sólo daba gritos secos a través de su sonrisa fija, y breves latigazos en el aire. Había algo en toda la función que olía a muerte, a flores podridas. Bajo las zapatillas de los pequeños equilibristas, el polvo rojo de la Artámila subía, como un humo furioso, hasta la luna. Una tristeza húmeda, pegajosa, le iba calando lentamente. Le pareció que los ojos del hombre gordo estaban vacíos, como dos cavernas. Y su voz también era de cueva. Tenía unos gestos de cortesía exagerada, tan exquisita para el público de la Artámila que levantaba groseras carcajadas de burla. Entonces, se doblaba en un saludo y aceptaba las mofas como un aplauso. De pronto, Juan Niño le vio las manos: grandes, duras como rocas, brutales. Hacía daño verlas, e instintivamente volvió los ojos hacia los cuerpecillos de los niños, hacia sus brazos y sus piernas flacas, donde los músculos aparecían monstruosamente maduros, resecos. El cuerpo de los niños recordaba esas ramitas de agosto que el sol ha quemado demasiado pronto y se quiebran bajo los pies. Todos iban empolvados y tenían la cara sellada con una sonrisa rígida, mientras les caían gotas de sudor por las mejillas. ¡Qué miserable se

había vuelto todo de pronto! ¡Qué falsa luz de
sus adornos! Sus jirones de colores eran andrajos, y
su delgadez, hambre. El carro era de madera vieja,
y a su lado los muñequitos de nuez pintados de
zarzamora hubieran resplandecido como flores. No
era ningún carro espléndido: era un gran ataúd
lleno de carcoma y gusanillos empolvados. Juan
Niño se estremeció. Estaba detrás de Dingo, y la
nuca de su amigo se le ofrecía negra, con una in-
movilidad de alucinado, de ensueño. Fue la última
vez que le vio niño, abrasado de ilusión.

Juan Niño fue retrocediendo, retirándose furti-
vamente de la plaza. La cabeza de Dingo estaba
aureolada de fuego.

Juan Niño huyó de allí. Trepó hacia la casa, y
de cuando en cuando se volvía a mirar cómo la
plaza se iba haciendo más pequeña, hasta parecer
un juguete. El tambor resonaba, en cambio, cada
vez más dentro de sus oídos, aunque las voces se
perdían.

De pronto, se encontró parado frente a la ba-
rraca de los Zácaros. Y, como aquella madrugada,
fue Rosa la que salió y le vio.

—Anda, largo de aquí, chiquito —le dijo—.
Nuestro niño está con sarampión y no sea que te
contagies en vísperas de comulgar... ¡Vete, chico!

Todo el día siguiente, Juan Niño lo pasó en su
casa. Rezaba y pedía perdón a Dios por haber ro-
bado a su padre. A la tarde esperó en vano el sil-

bido de Dingo, y durmió aquella noche con un sueño inquieto, taladrado por el redoble imaginario de un tambor.

Fue a la mañana del segundo día cuando un presentimiento hondo le condujo hasta la tierra removida, junto al chopo. Como no había viento, ni una mota de polvo alteraba la dureza del sendero, que llevaba lejos, desierto y sin fin. Dingo y Perico se habían ido, como todas las cosas.

VII

Yo tuve un hermano. Hablo aquí de él porque condicionó mi vida y mis pecados. No quiero culparle, pero desde que le conocí la envidia y la ira hicieron su infierno dentro de mí. Y también el amor. Su amor ha sido mi culpa más grave. Su amor aún es mi peso, y vaya donde vaya lo llevaré conmigo.

Pablo Zácaro se hizo un hombre. Un día, un año, apareció como tras un largo sueño.

Estaba Juan Medinao en el patio contemplando el regreso de los jornaleros, y de pronto lo vio. Llegaba sobre un carro de paja, con todo el incendio del sol. Juan Medinao, que controlaba la llegada de su gente, sintió como si de pronto giraran dentro de sus ojos los últimos años, en una rueda fantástica. Ayer, aún le apartaba Rosa para que no le contagiara el sarampión. Ayer, aún le estaba dando Juan Padre un duro, a cambio de un cachorro de mastín.

Aquel mastín estaba ya viejo, a su lado. Y Juan

Padre, que había criado aquel perro con un celo e interés exagerado, para que no muriese, estaba ya muerto él mismo. Como tantos y tantos inviernos, como tantas y tantas palabras.

—¿Cuántos años tiene Pablo Zácaro, el de Salomé?... —inquirió aquella noche a su capataz.

El hombre calculó, rascándose la nuca, y aventuró:

—Unos dieciocho...

Todo el campo estaba dormido. Juan Medinao, con la blusa abierta sobre el pecho y los pies descalzos, como cuando era niño, salió afuera, bajo la luna. Su paseo tenía un algo fantasmal, por entre el trigo segado. Las gavillas se amontonaban en el suelo, en espera de ser llevadas a la era, y Juan contemplaba la tierra con una sed extraña. Llegó al bosque. La cabaña del guarda estaba a oscuras; Dingo y Perico pertenecían ya a lo huido, a lo no vivo, como sus veintitrés años. ¿Qué había hecho desde la muerte de su padre? Se detuvo a meditarlo. Las cosechas habían sido redobladas y había ahorrado, ahorrado más que dinero. Evitó fiestas y borrachos a la Artámila. Ya no se celebraba, en el patio, la parva, y él mismo vestía como un campesino más. No existían las reinas del trigo, ni los vestidos verde y rosa. Había aparecido a los ojos de su gente como sin cuerpo. No fue en busca de ninguna de sus mujeres, ni se emborrachó. Hacía ocho kilómetros cada domingo hasta la Parroquia, para oír

misa. No podía soportar que los jornaleros le descu-
brieran hombre, cercano, terreno. Y se mantenía
distante, solo. Vivía como novicio de una religión
que iba hacia sí mismo. Aquella noche, como un ár-
bol más en el bosque, con veintitrés años menos de
vida, intentaba explicarse el tiempo. Juan Padre
murió una noche semejante, de apoplejía. Le veló
tal como le correspondía, con respeto, sin amor.
Y le acompañó al Noroeste, donde escondieron su
cuerpo amoratado, bien hondo en la tierra, para
que nadie oliera la sangre que se volvía negra.
Cualquier día, cualquier noche, le enterrarían tam-
bién a él, entre huesos y raíces. Pasaría al tiempo,
al enigma del tiempo huido. Con su voz, con sus
recuerdos, con su hambre de Dios y su temor.

Un vendaval caliente se desencadenó sobre la
aldea. Juan Medinao seguía vagando entre los tron-
cos, con la tormenta sin agua golpeándole la piel.
Pablo Zácaro tenía ya dieciocho años. Dieciocho
años. La sangre de un perro le salpicó una vez la
cara, y, sin embargo, qué limpio, qué heladamente
había aparecido entre las llamas de la paja, aquella
mañana. Pablo Zácaro llevaba una camisa blanca.
Las mangas le quedaban cortas, y, por los puños
desabrochados, surgían sus brazos, como frotados
con jugo de nueces.

Su sed le conducía, como un presentimiento.
Había atravesado el bosque y al llegar al límite, allí
donde se detenían los árboles, junto a la escarpada

loma de la montaña, se quedó quieto como una estatua de sal. Pablo Zácaro, a la luz de la luna, trabajaba allí, en aquel lugar. Estaba cerca el manantial, y en el silencio de la noche resonaban los golpes de la pala y el rumor del agua. Vio entonces que estaba levantando unas paredes de tierra y piedra, como las de las chozas de pastor.

—¿Qué estás haciendo aquí? —dijo en voz alta.

Pablo se volvió. Con el brazo se secó el sudor de la frente.

—Una casa.

Por primera vez se niraron, hombres.

—¿Quién te ha dado permiso? Estás en mi tierra.

—Ésta ya no es tu tierra. Aquí está el lindero del bosque y este suelo no es tuyo.

Arrojó la pala a un lado y acercándose al manantial se inclinó para beher. De modo que iba allí por la noche a hacerse una choza, porque durante el día tenía que trabajar en el campo, para él.

—¿Y para qué quieres esa casa, ignorante? ¿Acaso no tienes una en la aldea? ¿Acaso te cobro alquiler por la casa donde vives? Es una de las mejores de Artámila.

—Quiero una casa mía, hecha con mis manos... Desde que era niño, he pensado en esto. Yo creo que todos los hombres deben hacerse su casa.

Entonces, una ira violenta, absurda, se apoderó de Juan Medinao. Era una furia excesiva, injustifi-

cada y extraña. La presencia, la voz del hermano,
le rasgaban algo debajo de la piel. Algo desconocido
estallaba dentro de su pecho, como un ídolo trizado.
Deseó echarle su tierra encima, toda su tierra. Hacerle callar, sepultado por su tierra, tapándole la
boca con su tierra. Lo deseó muerto, con la carne
podrida en el polvo. Dentro de su bosque, entre
las raíces de sus robles, alimentando las ramas con
la savia de su cuerpo.

Se alejó rápidamente. Un presagio negro le hacía temblar en el calor de la noche.

Los días siguientes, cuando Páblo Zácaro trabajaba en el campo, él acudió más de una vez a
contemplar los progresos de la choza. Era una construcción tosca, irregular, pero tenía algo vivo, como salida directamente de las manos del hombre.
No se atrevió a tocarla.

Dos meses más tarde, en una mañana de domingo, cuando acababa de llegar de la Artámila
Central, una criada llegó para decirle:

—Los jornaleros quieren hablarle, Juan Medinao.

De pronto comprendió que desde hacía trece
años, desde el día en que Pablo le tiró la piedra,
había vivido esperando aquel momento.

Efectivamente, el hermano presidía la comisión.
No había podido ir apenas a la escuela, con toda
seguridad. Era un patán. Pero sus palabras tenían
aquella justeza y brevedad, aquella potencia tan

envidiada por Juan Medinao. Aún no le había oído y ya sabía lo que le iba a decir. ¿De dónde aquella fuerza serena, aquella tranquila seguridad? Su poder estaba en que caminaba recto. Pablo Zácaro sabía lo que quería, e iba sin vacilar hacia su objetivo. Ya de niño, le había hecho pensar en las espigas y las flechas, en un camino duro y sin recodos. Si estaba equivocado, llevaría su equivocación hasta el fin. ¿Es que no sabía el maldito que avanzaba hacia la muerte, que si iba hacia la muerte toda su fuerza se quedaba hueca? La ira le resbalaba alma adentro, como lava. Pablo Zácaro se había hecho hombre, simple, rotundo. No necesitaba escuela, ni religión, ni amor, ni comprensión, para avanzar. Ahora se le venía directo, se le venía a Juan Medinao hacia el corazón, hacia la frente, como una bala ineludible.

Pablo Zácaro se adelantó sobre las losas doradas del patio. Tras él, los tres capataces se hacían niebla parda y cobarde.

—Juan Medinao, queremos que nos aumentes el jornal.

Juan Medinao miró al suelo. Los pies del hermano estaban desnudos, y su tono cobrizo resaltaba en el polvo de oro.

—¿Quién dirige esto? —preguntó Juan Medinao.

—Todos —repuso Pablo.

Los tres capataces se hicieron sensiblemente

más difusos. La voz de Juan surgió trémula y
bronca:

—Idos vosotros. Tú, Zácaro, quédate.

—No.

Seguían allí, quietos como árboles.

—Está bien —dijo Juan, dominando su violen-
cia—. ¿Y por qué? ¿Por qué ese aumento? No os
falta nada. Siempre cuido de que no os falte nada.

—Somos los jornaleros peor pagados de la
región.

—¡Estúpidos! ¡Necio ignorante!, quisiera que
me digas qué es lo que te hace falta. ¿Para qué
quieres dinero? Cualquier obrero de la ciudad en-
traría en tu pellejo, y te atreves a protestar de tu
suerte. ¿Has pasado hambre alguna vez?

—No. Nunca he pasado hambre.

—¿Qué quieres más?

Pablo sonrió. Era la primera vez que veía su
sonrisa de hombre. Seguía teniendo dientes de lobo,
de cal, brillando como cuchillos

—Tierra mía. Y si me muero de hambre, que
sea mía la culpa.

Juan Medinao apretó las manos una contra
otra; tenía las palmas húmedas. Ahora su voz fue
honda, suave y escondida:

—En la Baja Artámila la tierra es mía. El que
no quiera trabajarla que se marche.

—Nadie trabajará tu tierra, Juan Medinao —di-
jo Pablo—. Nadie, hasta que cambies de opinión.

Se alejaron despacio. Los tres capataces no levantaban la cabeza, y tropezaron con la valla al salir del patio. Sólo Pablo se alejaba tranquilo, pisando suave y firme con sus pies desnudos de salvaje.

«Ya le doblará el tiempo —se dijo Juan apretando los puños—. Cree que es el primero en decir eso... Y va directo, con todos sus errores, al fondo de una fosa. Como tantos y tantos antes que él y después que él. Pero en mi vida habrá paz. Paz y silencio, en mi espera. Tengo bastante para vivir sin ellos. Mi trigo se pudrirá en silencio, en silencio, en silencio...»

De esta forma, sin haber oído hablar nunca de huelgas, Pablo Zácaro le organizó la primera a su hermano.

El sol ardió sobre la hierba y el trigo. Al principio, los hombres se mantuvieron firmes, y el hambre cundió por la Baja Artámila.

Juan Medinao calculó sus bienes. Podía vivir el resto de sus días allí, en la casa; entre sus paredes desnudas, sobre sus campos muertos. Pasearía su espera entre los robles. Los frutos se perderían, caerían al suelo, y luego volverían a brotar desoladamente. Acababa el verano.

A veces, Juan Medinao veía mujeres y niños afanándose sobre unas huertecillas míseras, fuera de su jurisdicción. Los hombres subían a las otras Artámilas en busca de trabajo. La Casa de los

Juanes estaba ahora llena de eco, eco de su soledad y su silencio. En las junturas de las losas del patio no brillaba ninguna paja, como si estuvieran en invierno. Tan sólo las mujeres que le servían en las faenas domésticas cruzaban alguna vez frente a su ventana, o el patio desierto, con sus ropas negras. Al atardecer, la fachada granate de la casa tenía un hálito sombrío. Juan Medinao notaba lentamente cómo su paz se hacía trizas en el alma; que su paz era una mentira agusanada, muerta. No había silencio más que en su casa y en su tierra, porque tenía el alma llena de gritos. Pablo Zácaro, en cambio, existía con auténtica serenidad, sin arrebatos.

Se acercaba el tiempo de la siembra. Juan Medinao tropezaba con su sombra en todas las paredes, y huía al bosque. Su traje estaba más sucio y descuidado que nunca, y el cabello le caía en mechones por detrás de las orejas. Devoraba su comida, sin sal, y notaba que su ruta hacia la muerte estaba sorprendida, acechada, amenazada por la fuerza de aquel que daba un concreto valor a la existencia. Un deseo extraño, indómito, le empujaba hacia él.

Hacía muchos años, cuando él era aún niño, Juan Padre había plantado una viña en lo hondo de un barranco, detrás del bosque. Bajó a ella una tarde huyendo de sus sentimientos. Quería la fuerza del hermano, su fuerza equivocada e indesviable, y ver cómo iba avanzando sin inclinarse, él, que iba siempre amparándose en las esquinas y los troncos. Con un odio primitivo, se hubiera apoderado de su fe, de su ingenuidad, de su libertad. Le quería sorber toda su seguridad y hasta aquella ignorancia, que le hacía avanzar tan firme.

En el barranco, la viña era un puro cementerio de sarmientos. Había unas hojas encarnadas y húmedas, gelatinosas, que le hacían resbalar. El frío mataba el fruto de aquella viña que nunca había madurado.

Entonces vio un hombre y una mujer cogiendo sarmientos para leña. Eran Agustín Zácaro y Salomé. Al verle, se quedaron como perros apaleados.

Juan Medinao se acercó. El viento levantaba su cabello.

—Salomé —dijo—. Tu hijo es un malvado.

La mujer bajó la cabeza.

—Todos vivíais en paz conmigo. Él está perjudicando a toda la aldea.

Entonces se dio cuenta de que el corazón le golpeaba fuerte, porque Salomé se parecía a su hijo. Tenía su nariz corta, sus labios morenos. Un mechón de pelo le caía también sobre la ceja, negro y retorcido. Apartó la vista, con manos temblorosas.

—Amo, yo no puedo hacer nada... —dijo Salomé—. Él no se parece a nosotros, ni a nadie. ¡Antes se lo llevaría el diablo que volverse atrás!

—¡Pues que se lo lleve, que le haga ceniza de

una vez! —aulló Juan Medinao. Su cara tomó una tinte terroso.

«No se parece a nadie. No se parece a nadie. Es como un ángel», le decían voces al oído.

—Agustín —dijo al fin—. Advierte a la gente que les esperaré hasta el primero de octubre. Si entonces no se han presentado, toda mi tierra se secará al sol. Advierte esto Zácaro: yo no os necesito a vosotros. Sois vosotros los que me necesitáis a mí.

Dio media vuelta y se alejó.

Pero los hombres volvieron, y Juan Medinao salió al patio a decirles que no les guardaba rencor, y cuánto se alegraba de que volvieran a sus tierras. En seguida, vio a Salomé, entre Agustín y Rosa. Pero todos estaban callados y su silencio pesaba como plomo. Se fueron con los arados y los yugos hacia los campos abandonados.

A Pablo, lo buscó inútilmente entre los labradores. Fue como un perro hambriento buscándole en los surcos. Él mismo cogió el arado y se puso a hendir la tierra. Allí enfrente, una bandada de pájaros negros se hundía hacia el bosque. Salomé estaba a su lado. El arado pesaba mucho y a Juan Medinao le salieron llagas en las manos. Su corazón caía, como la simiente. Anocheció. El rojo de la tierra, abriéndose, era como una réplica violenta al acero del cielo. Los árboles brotaban negros, duros, hiriéndole con su evocación del hermano.

Al fin, no pudo contenerse. Después de pasar

el día entre los campesinos, se acercó a Salomé. La mujer levantó hacia él los ojos. ¿Cómo pudo pensar alguna vez que se parecía a Pablo? No había en aquellas pupilas la transparencia roja de las uvas negras. Era una mirada de vaca, húmeda y simplona.

—¿Dónde está?

—¿Quién?

Era su madre y lo preguntaba. La hubiera abofeteado.

—¿Dónde está tu hijo?

—¡Ay, no nos va a perdonar nunca que hayamos vuelto! —dijo. Aparecía cansada, rendida. Se había sentado en una piedra, con las manos sucias de tierra en la cintura y la cabeza ladeada. Había en su garganta una ternura contenida, y suspiró, sin voz, hondamente.

—¿Pero dónde..., dónde está?

Había tal violencia en su pregunta, que la mujer le miró quieta.

—Es un chiquito aún, amo. No se enfade con él.

«Qué sabes tú, bestia simple», pensó él. Le dio la espalda, y como un alucinado entró en el bosque. La tarde se acababa y había una niebla sutil y azulosa. Las hojas caídas parecían lumbre esparcida. Preguntó al guarda si le había visto pasar.

—Sí; ha ido a la choza esa que ha armado en el barranco.

Lo suponía. Llegó a ella sudoroso, con la respiración agitada.

—¡Zácaro! —llamó.

Estaba a la puerta de la choza. Había prendido fuego y miraba las llamas. Se volvió a mirarlo.

—Vuelve allá, muchacho —dijo Juan Medinao. Te perdono de todo corazón.

—¿Qué es lo que me perdonas? —dijo Pablo.

—Digo que puedes volver a mi campo, en el mismo puesto que antes. Ya sé que todo lo armaste tú, todo fue culpa tuya. Pero no te guardo rencor, y quiero verte de nuevo en mis campos, igual que antes.

Pablo rió, del mismo modo que lo había hecho aquella vez en la era, hacía ya trece años, cuando le tiró la piedra.

—Dios mío —dijo Juan Medinao con voz apasionada—. Si eres una criatura... Vuelve. Vuelve con todos los demás.

—Pablo, en lugar de responder, se puso a mirar otra vez el fuego, dándole la espalda. Los ojos de Juan envolvieron con sed su cabeza y sus hombros, nimbados de rojo.

—Vamos, no seas niño —dijo—. Tu madre, Agustín, todos, han vuelto...

Entonces Pablo se puso de pie y le miró de frente. Juan Medinao tuvo deseos de retroceder. El hermano le dominaba con su estatura, con la fuerza de su cuerpo joven. El fuego de la hoguera acentuaba el vino de los ojos de Pablo. Juan Medinao notó la boca seca. Deseó salvajemente saltarle y morderle el cuello, clavarle despacio los dientes con pulgadas de agonía, sorber aquella voz que brotaba tan clara:

—No pienso volver a tu tierra, Juan Medinao. No puedo ir a mezclarme con los que vuelven a trabajar para ti.

—¿Por qué les odias? Tú aún no sabes qué hermoso es perdonar.

—Si yo no les odio. Es que no puedo vivir entre ellos, ya, como no podría vivir, por ejemplo, en el fondo del río. No me queda nada que hacer en esta aldea, y me iré cuanto antes pueda. No te preocupes más de mí, Juan Medinao. Tampoco te odio a ti. Ni a ti ni a nadie. Yo no puedo odiar ni querer del mismo modo vuestro. Todo es mucho más senci-llo y más fácil en mí.

Juan apretó los dientes. El paisaje se volvía rojo para él. Le pareció que los ojos de Pablo giraban ahora dentro de los suyos, emborrachándose con su fuerza. Le hubiera matado allí mismo, le hubiera derribado a hachazos como a un árbol, le hubiera pisoteado hasta caer rendido de cansancio.

—¡Hijoputa! —chilló roncamente. Pero tampoco aquel insulto significaba nada para Pablo. Tranquilo, se puso a echar más leña al fuego. La palabra madre, era como todas las demás palabras para él.

—¿Adónde crees que vas a ir tú, estúpido campesino? ¿Qué es lo que crees que vas a hacer? Has nacido para destripar terrones cara al suelo. ¿Sabes, acaso, lo que eres o lo que quieres?

—Sí, lo sé —repuso sosegadamente el chico—. Y también sé lo que eres tú.

Juan Medinao dejó escapar una risa sorda:

—Dímelo, entonces.

Pablo, ahora, cortaba ramitas pequeñas y las echaba al fuego.

—Soy un hombre: nada más y nada menos —dijo—. Quiero tener tiempo para vivir, y que lo tengan también los demás hombres. No he nacido para destripar terrones: a mí, lo que me hubiera gustado es hacer casas. Desde pequeño, pienso en eso, y como no he podido estudiar seré albañil. Sí: eso me gusta mucho. También quiero ver todo lo que existe en la tierra, lo que hacen y lo que piensan los otros hombres. No sé lo que queréis decir cuando nombráis el padre, el hermano: a todos los hombres los respeto y los quiero del mismo modo. Quiero andar por todos lados, comer cuando tenga hambre y dormir cuanto tenga sueño. Quiero poder levantar mi casa donde me guste y tener la mujer que quiera. Y, cuando esté seguro de que mi hijo podrá tener todo esto, querré un hijo también.

—¡Pero si te vas a morir, desgraciado! ¡Si te vas a morir! ¿No te das cuenta? Todo se lo traga

el tiempo y sólo somos novicios de la muerte. Al
fin, te desharás en la tierra. Entonces, ¿adónde
irán a parar tus casas y tus hijos, para qué tus casas
y tus hijos...?

—No hay muerte para mí. Mientras yo viva, no
existe la muerte.

—¡Tú no sabes nada! Eres un pobre niño estú-
pido. Piensa sólo adónde has llegado, piensa adón-
de vas a ir; no conoces lo que es vivir en un con-
tinuo incendio, con Dios dentro de ti. Piensa en
Dios.

—Yo no sé qué es Dios. No existe nada antes
de mí ni después de mí. No hay muerte. Estoy en
la tierra, me gusta vivir en la tierra. Sólo quisiera
que todos los hombres tuvieran mi felicidad.

—¡Tú que sabes lo que es felicidad! Yo sí, sé
lo que es arder en vida, como ahora está ardiendo
este bosque. . Yo sí sé lo que es temor, amor, sufri-
miento. ¡Yo sí sé, yo si sé...!

Pablo le miró largamente. Luego, exclamó:

—Te dije que sabía lo que tú eras, y voy a de-
círtelo. Te he visto crecer por encima de mí, he
visto cómo andabas entre todos nosotros. Cuando
tenías quince años y deseabas una mujer, en lugar
de ganarte su amor, huías lejos y te masturbabas.
Cuando te pegaban y te insultaban, en lugar de
defenderte, rezabas, llorabas y huías. Cuando
odias, como no puedes matar, perdonas. Tienes
dinero y lo guardas. Yo no puedo odiarte del

mismo modo que tú odias: sólo sé que mi cuerpo te rechaza, porque estás podrido. No haces nada. No tienes ningún cometido en la vida, ni siquiera levantar paredes de casas. Esa otra vida de que hablas, suponiendo que fuera cierta, ¿crees que iban a regalártela sólo por haberla esperado, sólo por haber ido arrastrando tu espera en la tierra? No, no, Juan Medinao. Tú no eres nadie. Tú no eres nada.

Juan Medinao retrocedió hacia los árboles. Maldito. Maldito. Despanzurraba lo más escondido del corazón, definía cosas que se creían sin nombre. Y se quedaba quieto, amable, ingenuo. Con una envidiable fe, limpia de más allá, tan distinta a su oscura fe abrasada.

—Soy tu hermano, Pablo.

Su voz sonó como un río antiguo y escondido, arrastrando su corriente hacia lo hondo.

—No más que todos los hombres —repuso Pablo. Y luego se metió en la choza.

Entonces, Juan tuvo conciencia plena de su amor. Su amor como cáncer, que Pablo no sentiría ni comprendería nunca. El amor más allá de todo y todos, como azote de Dios. Huyó de allí, porque sabía que si se quedaba iba a arrastrarse hasta la choza y suplicarle como un perro que no se fuera, que le tuviera a su lado. Que iba a pedirle que no se separara nunca de él, y no se fuera como todas las cosas. Ah, si hubiera podido reducirle, fundirle a él.

Volvió a su casa. Ahora comprendía que Pablo era parte de sí mismo. Él era como el molde hueco de su hermano, y lo necesitaba, deseaba su contenido más allá de toda razón.

En el patio de la casa estaba el mastín que Juan Padre comprara a Pablo hacía trece años. Juan Medinao fue al establo y buscó una soga. La ató al cuello del perro y, desde el otro extremo de la cuerda tensa, con los pies hundidos en el polvo, fue viendo como el animal, estúpidamente indefenso, con su nudo corredizo al cuello, se estrangulaba a sí mismo. Una baba espesa manchó el suelo. No le fue posible ni aullar, y un solo ladrido de espuma roja le caía por las fauces y la lengua. Luego, cuando estuvo muerto, le quitó la cuerda del cuello y mandó que lo enterraran lejos.

Al día siguiente, Pablo Zácaro ya se había ido a la Artámila Central. Juan supo que trabajaba allí de peón, hasta conseguir el dinero suficiente para ir a la ciudad.

Juan Medinao bajó a la barraca de los Zácaros.

—Quiero que todo el mundo sepa que es mi hermano. Quiero tenerle a mi lado, en mi casa, y partir mi herencia con él. Salomé, dime cómo puedo hacer volver a tu hijo. Eres su madre, sabes más de él que yo, y conoces lo que puede acercarle a mí y hacerle aceptar esto que quiero darle.

Estaba sentado en la misma cocina donde, años antes, Rosa le había lavado la sangre de las rodillas. Salomé le miraba con ojos de can agradecido. El estupor la dejó como muda. De pronto empezaron a caerle lágrimas:

—Eres bueno, amo —le dijo—. Más bueno que tu padre. Más bueno que mi hijo.

—Es mi hermano —repitió él obsesivamente. Aquello que tanto llevaba en silencio, estallaba ahora entre sus labios como una flor encendida—. Es mi hermano.

Sus preguntas estrechaban a Salomé, la agobiaban. Juan Medinao sabía que Pablo no iba jamás contra sí mismo, y se ahorraba hacerle su ofrecimiento directamente. Algo había de atraerle escondidamente, o, si no, no vendría nunca.

Cada noche, bajaba a la barraca de los Zácaros, con su esperanza indomable. Ellos le cedían el mejor lugar junto al fuego, deslumbrados por aquel interés súbito e incomprensible. Agustín le miraba en silencio, con rencor. Rosa tenía para él la misma expresión de indiferencia que cuando le lavó las rodillas y le mandó alejarse de la barraca. Ahora, estaba toda llena de surcos, negra. Les oía hablar, y no decía nada. Una noche, en pocas palabras, resumió mucho más que todo el parloteo agradecido y confuso de Salomé.

—Pablo anda enamorado desde niño de una de los Corvos. Yo le conozco bien, y sé que no se irá a la ciudad sin llevarla con él, porque la chica le quiere. Y Pablo nunca va contra esas cosas. A veces la veo a ella como coge el sendero de la Artámila Central, y podría jurar que él hace lo mismo para encontrarla por el camino.

Los Corvos eran hijos de aquel viejo pastor que no debía nada a los Juanes. Ninguno de ellos trabajaba para Juan Medinao, y eran de las escasas familias independientes de la Baja Artámila. Juan Medinao se levantó precipitadamente y salió de la barraca.

Desde que su madre y sus compañeros volvieron a trabajar para Juan Medinao, Pablo no había hablado con ningún jornalero y se marchó de la aldea sin ver a Salomé. Juan buscaba inútilmente una fuerza capaz de atraerle a sí. Ahora que le había encontrado, se le iba de las manos, sin remedio. ¡Pero le obligaría a volver! Tenía que obligarle a volver y enterrarle a su lado, dentro de la casa granate, para beberle toda su fría pureza. Cercarle la vida con sus paredes y su sed de hombre que sólo encuentra agua envenenada. El hermano y él debían formar uno solo. Eran realmente un solo hombre y la separación se hacía dolorosa, tan cruel como cuando el alma abandona el cuerpo. Tenía que ganarle, tenía que apresarle y no dejarle marchar. No podía quedarse así, incompleto, partido.

Por aquellas fechas, los de la Artámila Central

celebraban su fiesta. Aquella tarde, Juan Medinao vio a una muchacha de la Baja Artámila que avanzaba por el sendero grande. Era rubia y delgada, con un vestido verde. No dudó de que era la nieta del Corvo, que subía a la fiesta para encontrarse con Pablo Zácaro.

Se acercó a mirarla, ocultándose tras los árboles del camino. Ella tenía a Pablo. Ella conocía la presión de su cuerpo, la sal de sus dientes y su vello empapado. Tal vez llevaría todavía en la piel el olor de Pablo Zácaro. Tendría recuerdos en común y ambos amarían la vida por igual. Él le habría contagiado su apego a la tierra, su felicidad de objetos concretos y palpables. Para ella tampoco existirían la muerte ni Dios. Vivían, pues, al ciego entender de Juan, sin vértigo, limpios y jóvenes.

Apretó los dientes y tuvo que dominar su lengua para no llamarla y preguntarle por él. Por el contrario, encaminó sus pasos al Noroeste, hacia el cementerio. Allí, en el campo, la hierba se conservaba más verde. Miró a través de la verja, y vio un perro husmeando entre las cruces caídas. Le tiró una piedra y el animal huyó, con algo entre los dientes. Juan buscó la tumba de sus padres. «Mientras yo viva, no existe la muerte», había dicho Pablo. «Mientras yo viva.» ¡Oh, cómo podía ignorar la ceniza de los cuerpos, cómo no percibía las ausencias! Tantas ausencias, rondando en la oscuridad, flotando a nuestro alrededor como luces apagadas.

Sin apenas darse cuenta, se le acabó allí la tarde. Un viento cruel le llevó a la nariz el aroma a moho, a humedad de zanjas. Dio media vuelta y bajó de prisa hacia la casa. Fue al establo y contempló el caballo. Estaba ya cercano el día que bajarían los potros de la sierra. Veinte potros negros, rojos, blancos, que bajarían vertiente abajo en manada salvaje, levantando nubes de tierra furiosa. Se estremeció. Llamó al mozo para que le ensillara el caballo.

Cuando galopaba ya hacia la Artámila Central, había oscurecido. Al divisarla, el cielo estaba negro. En el silencio del sendero, los cascos resonaban como aquel tambor de los titiriteros. Los cascos eran azules en la oscuridad. Iba a rienda suelta, con el viento partiéndosele en la cara.

En un recodo, entre el abrazo de las montañas, estaba la Artámila Central. Un extraño resplandor surgía ahora en la noche. Estaban celebrando la fiesta y habría luces en la plaza grande. Inesperadamente empezaron a tocar las campanas. Las campanas. Un temblor cálido recorrió su sangre. Las campanas hondas, lentas, graves, formaban un extraño dúo con el redoble de los cascos del caballo. Hacía frío y, sin embargo, empezaba ya a sudar. Campanas de iglesia que llamaban a

Vísperas. Campanas de altura, no de fiesta. Casi le hacían daño.

La Artámila se apretujaba casa con casa en la oscuridad. Era una noche sin estrellas ni luna. Las calles de la Artámila Grande, eran estrechas y empinadas, y las herraduras resbalaban en las piedras del suelo, con chispazos verdes. Descendió del caballo y lo ató a un poste. Enfiló por una callejuela que descendía negramente hasta la plaza. Antes de llegar a la esquina se paró. Los muros de la calle eran tan estrechos, que en su confín sólo podían abarcar un pequeño tenderete de caramelos y gorros de papel, bañado por la luz de la plaza. De tal modo soplaba el viento, que se llevaba lejos los ruidos y no le llegaba a él ningún rumor. Por momentos, creyó estar contemplando una pantomina silenciosa. Muchos trozos de papel brillante, bamboleados por el viento, pendían del borde del toldillo. Un niño estaba de espaldas, tendiendo una moneda al hombre del puesto. Un gorro de papel encarnado se arrastraba por el suelo. Sintió entonces como si el viento le entrara por los ojos y bamboleara en su interior serpentinas y papeles de colores. Como si agitara dentro de su pecho todo el marchito carnaval de su nacimiento. Avanzó hasta el final de la calle, y al desembocar en la plaza quedó parado. De repente, le había golpeado toda la música. Parecía que no fuese él quien había doblado la esquina,

sino que toda la plaza, como un enorme escenario
giratorio, daba la vuelta hacia él. La plaza que-
daba honda, era cuadrada y unas tres veces mayor
que la de la Baja Artámila. Debería descender
unas escaleras de piedra para llegar hasta ella.
Allí estaban todos abrazados debajo de la música,
con gorros y viseras de colores abigarradamente
apretujados. El viento seguía agitando infinidad
de banderitas de papel, verdes, moradas. Un pol-
vo amarillo se elevaba de entre todos ellos, y había
allí un algo brutal y sórdido, casi siniestro. Los
músicos vestían chaquetas a cuadros y estaban
ya medio borrachos. Únicamente, en un extremo,
el puestecito de caramelos aparecía apartado y
frágil, con un vago hálito de niño muerto.

La puerta de la taberna era en arco. Parecía
la boca de un horno. Juan Medinao se dirigió a
ella. Dentro, todo era de color rojo. Las caras de
los hombres, rudamente encendidas, se apiñaban
y cantaban sobre el vino. Vio los brazos y los dien-
tes de la mujer que servía los jarros. El líquido
violento le resbalaba por entre los dedos. Juan
Medinao entró y se le pegó a la piel todo el calor.
Podría cortarse en el aire el humo de los ciga-
rros y la respiración. Tragó vino y le quemó. Se
limpió con el antebrazo y creyó que sus labios
iban a dejarle una marca de fuego en la piel. Todo
hubiera ardido allí dentro, hasta la madera verde.

En un extremo les vio. Se pegó entonces a la

pared, junto a una cortina de madroños desteñidos.
Estaban sentados junto a un barril que les servía
de mesa, y bebían de un mismo jarro. El cabello
de Pablo Zácaro se curvaba en anchas anillas ne-
gras, caídas sobre los ojos. Ella llevaba ahora un
collar de cuentas verdes, de vidrio verde, donde
tiritaba la luz. Estaban enlazados por la cintura,
lejos de todos. Juan Medinao pagó, y se fue de allí.

Espió; les vio salir al poco rato. No participa-
ban en la fiesta de los otros, iban hacia el campo.
Hacia el campo que se tendía como un gran perro
verde y rojo tras las casas de los hombres. El cam-
po que les acogería con su nostalgia de primavera
y madreselva. Estaban en octubre, con tierra hú-
meda y ceniza de hojas, pero ellos llevaban el sol
allí donde fueran. No necesitaban los papeles de
colores ni la música grosera de la plaza. Allí donde
fueran, llevaban la fiesta de sus breves años du-
ros, sin rondas de recuerdos o presagios, devoran-
do minutos como estrellas. Juan Medinao les vio
marchar hacia la hierba y el agua, hacia los ro-
bles y el azafrán silvestre. Y él quedó pegado
contra una pared, sintiéndose más zambo y más
feo que nunca.

Saltó al caballo como un lobo que ataca. Al
galope, con la misma sed que le había traído,
marchó de nuevo a su aldea.

Al día siguiente, fue más allá de las chozas de
los jornaleros, hasta el río. Entre los mimbres en-

contró a la chica de Pablo Zácaro. Estaba lavando, con las manos tiritando en el agua. Tenía los ojos un poco juntos, de color azul muy fuerte. Su cabello brillaba pálidamente bajo el sol alto de la mañana. Le pareció demasiado flaca, aunque tuviera los hombros redondos y en la garganta como encerrada una paloma. Se notaba que no iba a quemarse al campo de Juan Medinao, como otras muchachas, y que sólo se ocupaba en faenas domésticas. La noche anterior estuvo ella con él, con Pablo Zácaro, tragándose su respiración, su olor a trigo.

—Ven aquí —le dijo. La chica le miró sorprendida. Después, se asustó de los ojos de Juan Medinao, que avanzaba con sus piernas torcidas y la cabeza gacha hacia ella. Echó a correr, como una espantada corza joven, torpe y tierna. Sus brazos mojados iban esparciendo un reguero de gotas brillantes que se fundían oscuramente en la tierra. Juan Medinao la siguió, devorado por una idea fija. La chica entró en la casa y cerró la puerta. Juan Medinao llegó, y empezó a golpear la madera, brutalmente. Un gran silencio se extendía entre las casas, porque la gente estaba en el campo. Nadie repuso a sus golpes. Juan Medinao llamó a la chica varias veces. Luego, oyó como sobre su cabeza la ventana se cerraba también precipitadamente.

Juan Medinao dejó caer los brazos. Regresó lentamente.

Pero ahora ya sabía qué iba a hacer. Cualquier cosa le parecía sensata, con tal de acabar con aquella ausencia. Cualquier cosa antes que renunciar al hermano, porque la separación le volvía loco. Se sentía encendido, completamente fuera de los hombres. Padeciendo su dolor de hombre rasgado en dos mitades, sabiéndose como los robles viejos y huecos. Sólo era una corteza con caminos de hormigas y de arañas, con viento y musgo sobre su herida.

Dos días más tarde, por la noche, cuando supuso que estarían los Corvos en su casa, fue hacia la aldea. Antes, había traído regalos de la Artámila Grande. Llamó a la puerta y le abrieron. Al verle, la madre y los hermanos se quedaron quietos, mirándole. El padre estaba comiendo, de espaldas. De pronto, sin sentarse siquiera, dijo que ya tenía veintitrés años y había decidido casarse. Había visto a la pequeña Corvo y se había enamorado de ella. La misma Biblia decía: «No es bueno que el hombre esté solo». Se pasó la mano por los cabellos, y calló, esperando.

Los Corvos estaban agazapados, en silencio. El padre se volvió a mirarle. Sus grandes mandíbulas cuadradas habían dejado de masticar. La pequeña Corvo tenía dieciséis años. Estaba detrás de la puerta, con los ojos simples y sin saber qué hacer de las manos de Juan Medinao le preguntó, como en los cuentos:

—¿Quieres casarte conmigo?

Ella sacudió la cabeza negativamente y huyó escalera arriba. Juan Medinao, en el silencio de los Corvos, abrió los paquetes. Dejó sobre la mesa unos pañuelos de colores, un collar de cobre, un rosario de nácar. Fue hacia la puerta y entonces la madre corrió precipitadamente a abrirla:

—Vivirá en la Casa Grande y tendrá todo lo que necesite. No trabajará ni en la casa ni en el campo. Que lo piense esta noche, y mañana, a esta hora, volveré.

A la noche siguiente, cuando entró, los Corvos le ofrecieron una silla. Llamaron a la chica, que tenía por nombre Delia. Entonces, la madre Corvo habló y dijo que todos ellos estaban conformes. Tan sólo si hubiera vivido el abuelo Corvo hubiera protestado. Pero estaba ya entre la tierra del Noroeste. Los ojos de Delia estaban rojos. La miró en silencio, y le pareció estúpida, tierna y deslavazada como la fruta de primavera. Volvía a tomar el gesto huidizo de las corzas y quiso escapar por la puerta hacia el campo. Pero la madre la cogió por la muñeca. La chica empezó a forcejear y la madre le dio una bofetada. Delia empezó a llorar. En su mejilla aparecieron cinco manchas rojas.

—Quédate y habla con él —dijo la madre. Los

Corvos salieron de la habitación, en silencio. Y se quedaron solos.

La chica lloraba como un niño. Juan la atrajo sin ternura. Sintió cerca su cara mojada. En las pestañas rubias centelleaban las lágrimas. «El la quiere y vendrá en su busca. La llevaré a mi casa, y así, de este modo, él vendrá a mi casa también.» Se inclinó para besarla, y entonces se le llenó la boca con toda la sal, con todo el aroma del hermano. La boca de Pablo había besado también aquellos labios y estaban todavía mojados con la noche de él. Una ola de sangre le cegó, y mordió furiosamente hasta oírla gemir. Luego la apartó lejos y salió de la casa. Dejó la puerta abierta, golpeando contra el muro, y entró en la habitación un remolino de hojas y polvo. Un perro cruzaba la plaza, con la lengua colgando.

Montó al caballo y a galope fue en busca del párroco, a la Artámila Central. Los días giraron rápidos, y una mañana que parecía el día siguiente se casaron en la Artámila Grande, y oyeron las campanas.

No vio al hermano en ningún lado. Pero ya había mandado a Salomé en su busca, con la noticia.

Cuando el cortejo de la boda regresó de nuevo a la Baja Artámila, los jornaleros en el patio les ofrecieron sus presentes de nueces pintadas y fruta invernal. Un fuerte olor a manzanas invadía el patio. Juan Medinao prohibió la música y repartió monedas de cobre entre los niños. La novia entró en la Casa de los Juanes mirando a un lado y otro como si la persiguieran. En el cuarto desnudo de Juan Medinao no había una sola modificación. La cruz negra de sobre la cama pareció caer sobre el pecho de la chica, hecha de sombra. Delia estaba quieta en el centro de la habitación, con su vestido negro y su mantilla negra. Por la ventana pasó un pájaro, flechado.

Bruscamente, Juan Médinao dio media vuelta y bajó las escaleras. En el patio, ya desierto, estaba esperándole Salomé. Al verla, sintió el corazón azotado, y le pareció que acababa de entrar en una zona de sombras y de vientos. La cabeza de Salomé estaba vencida, y llevaba los zapatos manchados por el barro del camino.

—¿Le has visto?

Ella asintió. Entonces, Juan Medinao la cogió por las muñecas y la llevó a las columnas del patio.

—Dime, mujer —dijo sin tener en cuenta que apretaba las muñecas de Salomé como con tenazas de hierro.

Entonces, ella lo explicó. Había ido a buscarle. Le había dicho lo de la boda. El, entonces, se había quedado quieto y pensando, y a ella se le partió el corazón como cuando era pequeño y le veía clavarse un cristal en el pie descalzo. Había tenido ganas de besarle. Estaba segura de que el corazón de Pablo tuvo frío. ¡Hacía tanto tiempo que quería a Delia Corvo!... Pero Pablo había dicho solamente: «Es dueña de hacer lo que desee». «¿Pero tú no la querías?», había insistido ella, con dolor. «¿Vas a dejarla así, en brazos de otro hombre?... Juan Medinao quiere tenerte como hermano, en su casa. Ve con él, y de este modo la tendrás también a ella». Todo era muy sencillo, pero Pablo se negó con una sonrisa lejana. «No —exclamó con su firmeza suave—. Si ella se ha casado con él, yo no debo mezclarme en su vida. Ella lo ha hecho, luego es su conveniencia. Si hubiera ocurrido al revés, si fuese yo el primero en haberla dejado, no querría verla persiguiéndome como un perro. Todo está bien así. Ahora no necesito tardar más en marcharme a la ciudad, porque, para irme yo solo, puedo hacerlo con las manos en los bolsillos.» Esto exactamente era lo que habían hablado. Y Salomé se fue, dejándole solo.

Juan Medinao se estuvo quieto durante un rato. Era como si una infinidad de risas menudas le rodeasen, igual que almitas flotando en torno a su cuerpo inmóvil. Se acordó de la figurita delgada y negra que, en el centro de su habitación, se había quedado sola, con su sombra alargada hacia la puerta. Un grito seco taladró sus dientes, y bruscamente avanzó hacia la empalizada. Atravesó la valla y salió al campo. Corría, alucinado, lleno de fiebre, más allá de las barracas y del bosque. Un viento amargo abrazaba su cuerpo, que sudaba. El otoño estaba quedándose desnudo.

Llegó hasta el fondo del barranco. Su viña aparecía en silencio, muerta. El sol iba hundiéndose tras el bosque, con un rojo de sangre. Estaba cargado de dolor, sentía el dolor físico del hombre mutilado, con lenguas de sal sobre su herida. Pablo no estaba. Pablo había huido: pero ya no importaba, porque aunque lo hubiera tenido a su lado, en su casa, enterrado en su vida, comprendía que estaría siempre fuera de él, que siempre estaría fuera de su alma y de su cuerpo, más allá de su sangre y de su espíritu. Él era un hombre condenado al vacío, a la ausencia.

Entonces fue cuando vio a Salomé. Estaba entre los sarmientos y las hojas caídas, llorando. Había sobre sus cabezas un rumor que se acercaba y crecía. Era un redoble repetido, lleno de ecos. Juan Medinao se estremeció. Vertiente abajo, con las crines al viento, en una furiosa nube de polvo color cobre, bajaban los potros de la sierra. El potrero lanzaba un grito largo, muy largo, que se moría por sobre los árboles desnudos. Una lluvia de piedras rodaba por la pendiente, dando saltos hacia el río. Los relinchos herían la tarde, y el tambor de sus cascos, lleno de resonancias, era el eco de su sangre. Una desesperación honda le sumergía, le aplastaba tierra adentro como a un muerto. Se le metió por la nariz y los ojos, por los oídos, por los labios, todo el polvo candente que arrastraba la manada. Juan Medinao miró a Salomé, a través de la nube ardorosa. Así, con las pestañas velándole los ojos, se parecía a Pablo. También las aletas de su nariz temblaban en una vibración sutil. Los labios duros, la piel como frotada con jugo de nueces. Los dientes de cuchillo. ¡Si no levantase los párpados, si pudiera uno creerlos llenos de su vino, de su imposible vino rojinegro! ¡Estaba tan cerca, con los mechones de pelo brillante y retorcido cosquilleándole las mejillas! Mordió su cuello, su barbilla redonda, aferrándose desesperadamente a razones vacías. Un aroma a manzanas y trigo huía, huía, taladrado de ausencia, de imposible. La tumbó en las hojas amarillas, cubiertas de viscosidad, respirando como un león. Los cascos de los potros estaban ya como en sus venas, dentro de sus ojos. Cruzaban el río resbalando en el musgo y las piedras. Una lluvia de barro cayó sobre ellos, con el grito agónico del potrero. Los cascos se perdieron a lo lejos. Perdiéndose como todo, como todos.

—Y hoy por hoy, Padre, como voy para viejo, mis pecados dominantes son la gula y la pereza.

Juan Medinao había acabado su confesión. El curita le dio la absolución con su mano de cera. Al día siguiente podría ir a comulgar y oír campanas.

VIII

EL entierro estaba preparado. La madre, en la puerta de la barraca, suplicaba al viejo doctor que no estropease al niño. El viejo la apartó de un empellón. El cuerpo empezaba a descomponerse, porque estaba reventado, y el hedor invadía la estancia y empañaba el vidrio de la ventana. Pedro Cruz, con la cara terrosa, tenía la boina entre las manos.

El viejo doctor encendió un puro retorcido, y empezó a jurar ante las cintas y las flores de papel que cubrían el cadáver. A tirones, iba arrancándolas y cortándolas con su navaja. La desnuda herida del muerto apareció entonces, acartonada. En las manos de color limón resaltaban las uñas negras y azules, como de máscara. Pero a la madre le dolía ver la cabeza, tan negra y ensortijada, que se golpeaba contra el suelo cuando el médico manipulaba en él.

—Pero mujer, si ya no siente... —le decía Pedro Cruz, ante sus gritos, desesperadamente.

—¿Qué sabes tú? —le dijo ella, mordiendo su pañuelo.

El curita, con los ojos cerrados, comenzó a rezar los responsos de ritual. Desde la sombra, Juan Medinao le miraba fijamente.

Afuera, los niños de la aldea esperaban impacientes y agrupados, como a las puertas de un bautizo. Pateaban de frío, y dos de ellos rodaban por el barro, abrazados, peleándose y riéndose. Cuando sacaron al muerto, las vecinas ya le habían metido de nuevo flores de trapo en la boca. Los niños formaron en hilera. Alguno llevaba todavía en la mano o en la cintura despojos del carro de Dingo, como trofeos de guerra. Juan Medinao presidía el cortejo, junto a Pedro Cruz. Dingo ya no se acordaba de aquellos tiempos niños. Dingo ya se había olvidado. ¿Cómo, cómo pueden olvidar los hombres? Él, ahora, tras el niño de Pedro Cruz, volvía a vivir el entierro de la madre. Eran las mismas voces, las mismas pisadas, la misma fiesta al Noroeste.

En el campo, un grupo de niños se había subido a la tapia, con las caretas que encontraron en el baúl del titiritero. Pedro Cruz, con un grito salvaje de pastor, les hacía huir a pedradas: —«¡Os, os, os...!», aullaba—. Y una lágrima se le caía, porque él no tenía más niños en casa. A tres gatos que había sobre el muro, el sol les ponía aureola y parecían santitos. El libro negro temblaba en las manos del curita. El médico sacó un bocadillo del bolsillo y empezó a darle mordiscos con su dentadura postiza, que le venía grande ya y se le escapaba tras cada bocado. Metieron al niño en una caja de madera y le clavaron la tapa. No le podían cruzar los brazos y tuvieron que golpear fuerte y sudar. El médico se limpió la boca con el pañuelo, y con el dedo meñique empezó a hurgarse entre los dientes y la encía, que había empezado a sangrar. «Gloria...», rezaba ahora el curita, porque el niño de Pedro Cruz aún no había cumplido siete años.

Era costumbre echar tierra a la caja, una vez dentro de la fosa. Pero el cura nuevo aún no estaba acostumbrado, y no pudo evitar un paso atrás ante la avalancha de los niños, que con un goce violento empezaron a arrancar terrones del suelo y arrojarlos. Caían también piedras, y al chocar con la madera producían un ruido sordo. Tampoco Pedro Cruz estaba acostumbrado, porque pasaba su vida en la montaña, y volvió a gritar: «¡Os, os!...». Luego, con la cabeza baja, dio una brusca media vuelta, y echando a correr abandonó el entierro de su hijo. Atravesó la verja del campo, y como un loco, corría, corría... Las mujeres se volvían a mirarle. «Gloria...», repetían los responsos, como un soplo. Aún no habían acabado y ya montaña arriba trepaban el rebaño y Pedro Cruz, entre una nube amarillenta.

Los niños de la aldea empezaron a enderezar las cruces caídas, suponiendo que el curita les daría unas monedas. El viejo doctor sacó un bloc y empezó a escribir el protocolo de la autopsia.